Il Nuovo Manuale di Autodifesa Verbale

Guida Pratica Contro la Violenza Verbale

Indice

Alla fine di questo libro troverai un regalo esclusivo!

Il Nuovo Manuale di Autodifesa Verbale

Guida Pratica Contro la Violenza Verbale

I. Introduzione alla Violenza Verbale

1. Definizione di violenza verbale

La violenza verbale è una forma di abuso che si manifesta attraverso l'uso delle parole per ferire, intimidire, o manipolare un'altra persona. Può assumere diverse forme, tra cui insulti, minacce, umiliazioni, critiche distruttive e sarcasmo ostile. La violenza verbale non lascia segni fisici evidenti, ma le sue conseguenze possono essere altrettanto devastanti, se non di più, rispetto alla violenza fisica.

Un esempio pratico di violenza verbale può essere un collega che continuamente critica il tuo lavoro in modo dispregiativo, dicendo cose come "Non sei capace di fare nulla di giusto" o "Sei completamente incompetente". Questi commenti non solo danneggiano la tua autostima, ma possono anche creare un ambiente di lavoro ostile.

Per difendersi efficacemente dalla violenza verbale, è importante sviluppare tecniche di comunicazione assertiva. Ad esempio, se un collega ti fa un commento denigratorio, puoi rispondere con la tecnica del "disco rotto". Questa tecnica consiste nel ripetere calmamente e con fermezza la tua posizione, senza lasciarti trascinare in una discussione emotiva. Puoi dire qualcosa come: "Non apprezzo questo tipo di commenti. Vorrei che ci concentriamo sul lavoro da fare."

Un'altra tecnica utile è la "riformulazione in positivo", che consiste nel trasformare un commento negativo in uno costruttivo. Se qualcuno dice "Sei sempre in ritardo e non fai mai niente di buono", puoi rispondere: "Capisco che la puntualità è importante. Farò del mio meglio per migliorare questo aspetto."

La "tecnica del foglio di alluminio" è particolarmente efficace contro le aggressioni verbali. Immagina di avere un foglio di alluminio che riflette le parole offensive, non permettendo loro di penetrare e ferirti. Questo ti aiuta a mantenere la calma e a rispondere in modo controllato.

Infine, è fondamentale mantenere la calma e non rispondere impulsivamente. Prendere un respiro profondo e contare fino a dieci può darti il tempo necessario per formulare una risposta adeguata, evitando di alimentare ulteriormente la tensione.

Queste tecniche non solo ti aiutano a difenderti dalla violenza verbale, ma ti permettono anche di mantenere la tua dignità e il tuo equilibrio emotivo in situazioni difficili. In questo manuale, esploreremo in dettaglio queste e molte altre strategie, con l'obiettivo di fornirti gli strumenti necessari per proteggerti efficacemente da ogni forma di abuso verbale.

2. Impatto psicologico

La violenza verbale può avere effetti psicologici profondi e duraturi sulla vittima. Gli attacchi verbali ripetuti possono minare l'autostima, generare ansia, depressione e, in casi estremi, condurre a disturbi post-traumatici da stress. Chi subisce violenza verbale spesso sperimenta una sensazione costante di insicurezza e inadeguatezza, che può influenzare negativamente tutti gli aspetti della vita quotidiana.

Ad esempio, una persona che subisce critiche costanti da un partner che la svaluta dicendole "Sei inutile" o "Non sei capace di fare nulla di buono", potrebbe iniziare a credere a queste affermazioni. Questa interiorizzazione delle critiche porta a una diminuzione dell'autostima e può manifestarsi in sintomi fisici come mal di testa, problemi digestivi o insonnia.

Per proteggersi dagli impatti psicologici della violenza verbale, è fondamentale sviluppare una forte consapevolezza di sé e delle proprie qualità positive. Un metodo efficace è tenere un diario della gratitudine, dove ogni giorno si annotano tre cose per cui si è grati o tre qualità positive di sé stessi. Questo esercizio aiuta a mantenere una prospettiva positiva e a contrastare le affermazioni negative ricevute.

Un'altra tecnica utile è il "dialogo interiore positivo". Questo consiste nel sostituire i pensieri negativi instillati dagli attacchi verbali con affermazioni positive. Ad esempio, se qualcuno ti dice "Non sei bravo nel tuo lavoro", puoi controbattere mentalmente con "Sto facendo del mio meglio e sto migliorando ogni giorno."

La meditazione e le tecniche di mindfulness possono anche essere strumenti potenti per ridurre l'ansia e aumentare la resilienza emotiva. Pratiche come la respirazione profonda, la meditazione guidata e lo yoga aiutano a calmare la mente, ridurre lo stress e migliorare il benessere generale.

Inoltre, cercare supporto esterno è cruciale. Parlarne con amici fidati, familiari o un terapeuta può fornire il sostegno emotivo necessario per affrontare gli effetti della violenza verbale. I gruppi di supporto, sia online che di persona, possono offrire un ambiente sicuro in cui condividere esperienze e strategie di coping con altre persone che hanno vissuto situazioni simili.

Infine, stabilire dei limiti chiari con l'aggressore è essenziale. Comunicare in modo assertivo che certi comportamenti non sono accettabili e, se necessario, allontanarsi dalla situazione può prevenire ulteriori danni psicologici. Ad esempio, puoi dire: "Non tollererò ulteriori insulti. Se continuerai, me ne andrò."

Queste strategie non solo aiutano a proteggere la salute mentale dalla violenza verbale, ma anche a rafforzare la propria resilienza e a recuperare la fiducia in sé stessi.

3. Riconoscere i segni

Riconoscere i segni della violenza verbale è il primo passo per difendersi efficacemente. La violenza verbale può essere sottile e difficile da identificare, poiché spesso si nasconde dietro commenti apparentemente innocui o scherzi. Tuttavia, ci sono alcuni indicatori chiave che possono aiutare a individuare quando si è vittime di questo tipo di abuso.

Uno dei segni più evidenti è l'uso di insulti e denigrazioni. Ad esempio, se un collega ti chiama costantemente "stupido" o "incapace", anche in tono scherzoso, questo è un chiaro segnale di violenza verbale. Altri segni includono critiche distruttive che mirano a sminuire le tue capacità o il tuo valore come persona, come frasi del tipo "Non farai mai nulla di buono nella vita" o "Sei un fallimento totale".

La manipolazione emotiva è un altro segnale importante. Questa può manifestarsi attraverso il gaslighting, una tecnica in cui l'aggressore fa dubitare la vittima delle proprie percezioni e realtà, dicendo cose come "Stai esagerando, non è successo niente" o "Sei troppo sensibile". Questo può portare a una profonda confusione e a una perdita di fiducia in se stessi.

Il sarcasmo ostile e il ridicolo sono altre forme comuni di violenza verbale. Commenti sarcastici come "Oh, certo, perché sei così intelligente" o ridere di te davanti agli altri possono sembrare meno gravi ma hanno un impatto significativo sulla tua autostima e sul tuo benessere.

Per difendersi da questi attacchi, è essenziale imparare a rispondere in modo assertivo. Quando ti rendi conto che qualcuno sta utilizzando insulti o denigrazioni, puoi usare la tecnica del "confronto diretto". Ad esempio, puoi dire: "Non apprezzo essere chiamato stupido. Vorrei che usassimo un linguaggio rispettoso."

In situazioni di manipolazione emotiva, è utile mantenere un diario delle conversazioni, annotando ciò che è stato detto e come ti sei sentito. Questo può aiutarti a mantenere la tua percezione della realtà e fornire prove concrete in caso di necessità. Inoltre, puoi rispondere ai tentativi di gaslighting con affermazioni chiare e sicure, come: "So cosa ho visto e sentito, e non è accettabile che tu minimizzi i miei sentimenti."

Per affrontare il sarcasmo ostile, puoi usare la tecnica della "domanda assertiva". Chiedi all'aggressore di spiegare il suo commento, ad esempio: "Cosa intendi esattamente con quel commento? Non mi è chiaro." Questo spesso mette l'aggressore in una posizione scomoda e può ridurre la frequenza dei commenti sarcastici.

Infine, cercare feedback esterni può essere molto utile. Parlare con amici, familiari o un professionista può aiutarti a vedere la situazione in modo più chiaro e a ricevere supporto. Ad esempio, puoi dire a un amico: "Ho bisogno di un consiglio. Questo è ciò che è successo. Cosa ne pensi?"

Riconoscere i segni della violenza verbale è fondamentale per poter reagire e proteggersi. Con pratica e consapevolezza, puoi imparare a identificare questi segnali e a rispondere in modo che tuteli la tua dignità e il tuo benessere.

4. Differenza tra critica costruttiva e violenza

Distinguere tra critica costruttiva e violenza verbale è essenziale per gestire correttamente le interazioni personali e professionali. La critica costruttiva mira a migliorare una situazione o una persona attraverso feedback specifici e rispettosi, mentre la violenza verbale ha l'obiettivo di ferire, sminuire o controllare l'altra persona. Capire questa differenza può aiutarti a reagire adeguatamente e a proteggerti dalla violenza verbale.

La critica costruttiva si concentra sul comportamento o sulla situazione specifica, non sulla persona. Ad esempio, un supervisore potrebbe dire: "Ho notato che il rapporto che hai consegnato ha alcune informazioni mancanti. Potresti rivederlo e aggiungere i dati necessari per renderlo completo?" Questo tipo di critica è chiara, specifica e orientata al miglioramento. Fornisce indicazioni precise su cosa correggere senza attaccare la persona.

Al contrario, la violenza verbale tende a essere vaga e offensiva. Un esempio potrebbe essere: "Sei sempre così disorganizzato e non riesci mai a fare niente di giusto." Questo commento non solo manca di specificità, ma è anche un attacco personale che non offre alcuna indicazione su come migliorare. Invece di aiutare, mina la fiducia in se stessi e genera risentimento.

Per difendersi dalla violenza verbale mascherata da critica, è utile sviluppare la capacità di riconoscere la differenza tra i due. Quando ricevi un feedback, chiediti: "Questo commento è specifico e orientato al miglioramento? Oppure è un attacco alla mia persona?" Se il commento è offensivo o vagamente critico, è probabile che si tratti di violenza verbale.

Una tecnica pratica per affrontare la violenza verbale è la "richiesta di specificità". Quando qualcuno ti critica in modo generico o offensivo, chiedi chiarimenti: "Puoi darmi un esempio specifico di quando sono stato disorganizzato? Vorrei capire meglio come posso migliorare." Questa richiesta non solo costringe l'aggressore a fornire dettagli concreti, ma dimostra anche la tua volontà di migliorare, neutralizzando l'attacco personale.

Un'altra tecnica utile è la "riformulazione in positivo". Se qualcuno dice: "Sei un fallimento completo nel gestire i progetti", puoi rispondere: "Capisco che ci sono delle aree in cui posso migliorare nella gestione dei progetti. Potresti indicarmi quali aspetti specifici dovrei lavorare?" Questa risposta trasforma un attacco personale in un'opportunità di crescita.

Inoltre, è importante stabilire confini chiari e farli rispettare. Se una persona continua a usare la violenza verbale nonostante i tuoi sforzi di chiarimento e riformulazione, è essenziale comunicare che quel tipo di comportamento non è accettabile. Puoi dire: "Apprezzo il feedback costruttivo, ma non accetterò commenti offensivi. Preferirei che discutessimo in modo rispettoso e orientato alle soluzioni."

Infine, praticare l'autovalutazione può aiutarti a mantenere una prospettiva equilibrata. Valuta le critiche ricevute e identifica se sono basate su fatti e se offrono spunti utili per il miglioramento. Questo approccio ti permette di accettare e utilizzare le critiche costruttive, mentre respingi e proteggi te stesso dagli attacchi verbali.

Comprendere la differenza tra critica costruttiva e violenza verbale ti aiuta a gestire meglio le interazioni e a mantenere il tuo benessere emotivo. Con pratica e consapevolezza, puoi imparare a rispondere in modo efficace, proteggendo la tua dignità e promuovendo un ambiente di rispetto reciproco.

5. Statistiche sulla violenza verbale

Le statistiche sulla violenza verbale offrono una panoramica allarmante di quanto questo problema sia diffuso e pervasivo. Secondo uno studio condotto dall'Organizzazione Mondiale della Sanità (OMS), circa il 30% delle donne nel mondo ha subito violenza verbale da parte del partner almeno una volta nella vita. Questo dato evidenzia la necessità di affrontare seriamente il problema della violenza verbale nelle relazioni intime.

In ambito lavorativo, una ricerca dell'American Psychological Association (APA) ha rilevato che il 43% degli impiegati ha subito qualche forma di abuso verbale sul lavoro. Questo abuso può manifestarsi attraverso critiche eccessive, insulti, ridicolo e commenti dispregiativi. Tali comportamenti non solo deteriorano l'ambiente di lavoro, ma possono anche portare a gravi conseguenze psicologiche per le vittime, come stress, ansia e depressione.

Per le giovani generazioni, la situazione non è meno preoccupante. Un'indagine del Pew Research Center ha rivelato che il 59% degli adolescenti ha sperimentato violenza verbale online, con il cyberbullismo in aumento su piattaforme sociali come Instagram, Facebook e Twitter. Le forme comuni di violenza verbale online includono insulti, diffamazione e minacce, che possono avere effetti devastanti sulla salute mentale dei giovani.

Per difendersi dalla violenza verbale in questi diversi contesti, è importante adottare diverse strategie pratiche. In ambito domestico, stabilire confini chiari con il partner e cercare supporto da amici, familiari o consulenti può essere cruciale. Ad esempio, puoi dire al tuo partner: "Non accetto di essere insultato. Se hai un problema, possiamo parlarne in modo rispettoso." Se la violenza verbale persiste, potrebbe essere necessario considerare misure più drastiche, come la separazione temporanea o permanente.

Nel contesto lavorativo, documentare gli episodi di violenza verbale è fondamentale. Tieni un registro dettagliato delle date, orari, luoghi e contenuti delle aggressioni verbali. Questo può essere utile nel presentare una denuncia formale al dipartimento delle risorse umane o, se necessario, nel contesto di un'azione legale. Ad esempio, puoi scrivere: "Il 15 marzo, alle 10:00, durante una riunione, il mio supervisore mi ha chiamato 'incompetente' davanti ai colleghi."

Per quanto riguarda il cyberbullismo, impostare filtri sui social media per bloccare i commenti offensivi e segnalare gli abusi alle piattaforme può aiutare a mitigare gli effetti della violenza verbale online. Inoltre, è utile educare i giovani su come riconoscere e reagire al cyberbullismo, insegnando loro a non rispondere agli attacchi e a cercare supporto da adulti di fiducia.

Le statistiche mostrano chiaramente quanto sia diffusa la violenza verbale, ma comprendere i numeri è solo il primo passo. È essenziale che le persone apprendano tecniche di autodifesa verbale efficaci e sviluppino un forte supporto sociale per combattere questa forma di abuso. Attraverso la consapevolezza e l'azione, possiamo tutti contribuire a creare ambienti più sicuri e rispettosi.

6. Chi sono gli aggressori?

Gli aggressori verbali possono essere trovati in qualsiasi contesto sociale e professionale, e non esiste un profilo unico che li definisca. Possono essere partner, colleghi, amici, familiari o persino sconosciuti. Tuttavia, ci sono alcune caratteristiche comuni e comportamenti tipici che possono aiutare a identificarli.

Spesso, gli aggressori verbali hanno un bisogno estremo di controllo e potere. Possono utilizzare la violenza verbale come mezzo per dominare e intimidire gli altri. Ad esempio, un partner che insiste nel sminuire costantemente il proprio compagno dicendo "Non vali nulla senza di me" sta cercando di mantenere il controllo attraverso l'abbattimento dell'autostima dell'altro.

Alcuni aggressori verbali possono avere una bassa autostima e utilizzano l'aggressione come un modo per sentirsi superiori. Questo comportamento può manifestarsi nei luoghi di lavoro, dove un collega insicuro cerca di affermarsi denigrando il lavoro degli altri, magari dicendo "Sei completamente incapace di gestire questo progetto" per nascondere le proprie inadeguatezze.

Gli aggressori verbali possono anche essere narcisisti, persone che hanno un'esagerata percezione della propria importanza e un bisogno costante di ammirazione. Essi possono reagire con rabbia o disprezzo a qualsiasi critica o percezione di minaccia al loro ego. Un esempio potrebbe essere un capo che non tollera alcun feedback negativo e risponde con insulti e umiliazioni pubbliche.

Per difendersi dagli aggressori verbali, è cruciale riconoscere questi schemi di comportamento e prepararsi a rispondere in modo assertivo. Una tecnica efficace è la "risposta neutra", che consiste nel rispondere agli attacchi verbali con calma e neutralità, senza lasciarsi coinvolgere emotivamente. Ad esempio, se un collega ti attacca dicendo "Sei sempre così incompetente", puoi rispondere: "Mi dispiace che tu la pensi così, ma sto facendo del mio meglio."

Un'altra strategia utile è la "tecnica del confine", che consiste nello stabilire e comunicare chiaramente i limiti personali. Se un familiare continua a usare un linguaggio offensivo, puoi dire: "Non accetto di essere trattato in questo modo. Se continui, dovrò allontanarmi dalla conversazione."

Inoltre, è importante cercare alleati e costruire una rete di supporto. Parlare con amici, colleghi di fiducia o un consulente può fornire sostegno emotivo e consigli pratici su come gestire l'aggressore. Ad esempio, discutere con un collega di fiducia può aiutare a sviluppare strategie per affrontare un capo narcisista.

Infine, documentare gli episodi di violenza verbale può essere un passo vitale per la protezione personale. Tenere un registro dettagliato degli incidenti, includendo date, orari, luoghi e contenuti delle conversazioni, può essere utile in caso di necessità di un'azione legale o di una denuncia formale alle risorse umane.

Identificare gli aggressori verbali e comprendere le loro motivazioni è il primo passo per difendersi efficacemente. Con consapevolezza, strategie di autodifesa assertiva e supporto adeguato, è possibile proteggersi dalla violenza verbale e mantenere la propria dignità e autostima intatte.

7. Effetti a lungo termine

La violenza verbale può avere effetti devastanti e duraturi sulla vittima, influenzando vari aspetti della sua vita. A lungo termine, l'abuso verbale può causare danni psicologici profondi, compromettendo la salute mentale e la qualità delle relazioni interpersonali. Gli effetti più comuni includono ansia, depressione, bassa autostima e, in alcuni casi, disturbo post-traumatico da stress (PTSD).

Le persone che subiscono violenza verbale ripetuta possono
sviluppare un senso di inutilità e impotenza. Ad esempio, una
persona costantemente criticata dal partner con frasi come
"Non sei capace di fare niente" può iniziare a credere a queste
affermazioni e sentirsi sempre più insicura delle proprie
capacità. Questo può portare a un progressivo isolamento
sociale, poiché la vittima evita situazioni in cui potrebbe essere
giudicata o criticata ulteriormente.

In ambito lavorativo, la violenza verbale può minare la fiducia
professionale e la motivazione. Un dipendente che viene
continuamente sminuito dal proprio supervisore con commenti
come "Sei completamente incompetente" potrebbe iniziare a
dubitare delle proprie competenze, riducendo così la
produttività e l'aspirazione a migliorare. A lungo termine,
questo può portare a burn-out, assenteismo e, in casi estremi,
all'abbandono del lavoro.

La violenza verbale può anche avere effetti fisici. Le vittime
spesso manifestano sintomi psicosomatici come mal di testa,
problemi digestivi, insonnia e malattie legate allo stress. Questi
sintomi possono peggiorare con il tempo se la violenza verbale
continua e non viene affrontata.

Per difendersi dagli effetti a lungo termine della violenza
verbale, è fondamentale adottare alcune tecniche di autodifesa
psicologica. La "tecnica del distacco emotivo" può aiutare a
separare le emozioni dalle parole dell'aggressore. Immagina di
avere uno scudo invisibile che ti protegge dalle parole
offensive, permettendoti di ascoltarle senza interiorizzarle. Ad
esempio, se un collega ti dice "Non sei adatto a questo lavoro",
puoi mentalmente visualizzare queste parole rimbalzare sullo
scudo, impedendo loro di influenzare la tua autostima.

La pratica della "ristrutturazione cognitiva" è un'altra tecnica efficace. Consiste nel riconoscere e sfidare i pensieri negativi instillati dalla violenza verbale, sostituendoli con affermazioni positive e realistiche. Se inizi a pensare "Non sono bravo in niente", fermati e chiediti: "Quali prove ho per sostenere questa affermazione? Quali successi ho ottenuto in passato?" Riconoscere i propri successi e capacità può aiutare a contrastare l'effetto corrosivo della violenza verbale.

Il "supporto sociale" è vitale per mitigare gli effetti a lungo termine della violenza verbale. Cercare l'appoggio di amici, familiari e professionisti della salute mentale può fornire un'importante rete di sicurezza emotiva. Parlare delle proprie esperienze con persone di fiducia può alleviare il senso di isolamento e offrire nuove prospettive e strategie per affrontare l'abuso.

Infine, intraprendere attività che promuovono il benessere mentale e fisico può essere estremamente benefico. Esercizio fisico regolare, meditazione, hobby creativi e altre forme di cura di sé aiutano a rafforzare la resilienza emotiva e a ridurre lo stress accumulato.

Gli effetti a lungo termine della violenza verbale possono essere gravi, ma con le giuste strategie di autodifesa psicologica, supporto sociale e cura di sé, è possibile ridurre il loro impatto e recuperare un senso di autostima e benessere.

8. Storie di sopravvissuti

Le storie di chi è sopravvissuto alla violenza verbale offrono una preziosa fonte di ispirazione e insegnamento. Attraverso le esperienze personali, possiamo capire meglio le dinamiche dell'abuso verbale e imparare tecniche pratiche di autodifesa. Di seguito, presentiamo alcune storie di sopravvissuti che illustrano sia la gravità della violenza verbale sia le strategie utilizzate per superarla.

Storia di Anna: Anna era una giovane professionista che lavorava in un'azienda di marketing. Il suo capo, Roberto, era noto per i suoi commenti sarcastici e denigratori. Ogni volta che Anna presentava una nuova idea, Roberto rispondeva con frasi come: "Davvero pensi che questa sia una buona idea? Non hai un minimo di senso critico?" Dopo mesi di questi trattamenti, Anna iniziò a dubitare delle sue capacità. Decise di affrontare la situazione documentando ogni episodio di violenza verbale, annotando date, orari e contenuti delle conversazioni. Quando sentì di avere abbastanza prove, ne parlò con il dipartimento delle risorse umane, che intervenne per fermare Roberto. La documentazione accurata di Anna fu cruciale per risolvere la situazione e ripristinare un ambiente di lavoro rispettoso.

Storia di Marco: Marco viveva una relazione tossica con la sua compagna, Sara, che spesso lo insultava e lo denigrava. Sara lo chiamava "fallito" e "inutile" ogni volta che avevano una discussione. Marco iniziò a sentirsi sempre più isolato e senza valore. Un giorno, un amico di Marco gli suggerì di parlare con un terapeuta. Durante le sessioni di terapia, Marco imparò la tecnica del "distacco emotivo" e iniziò a visualizzare uno scudo che lo proteggeva dagli insulti di Sara. Inoltre, lavorò con il terapeuta per ricostruire la sua autostima attraverso la ristrutturazione cognitiva. Ogni volta che Sara lo attaccava verbalmente, Marco ripeteva a se stesso: "Le sue parole non definiscono il mio valore." Con il tempo, Marco guadagnò la forza necessaria per lasciare la relazione abusiva e ricostruire la sua vita.

Storia di Elisa: Elisa era una studentessa universitaria che subiva bullismo verbale da parte di un gruppo di compagni di classe. Ogni giorno, riceveva commenti crudeli sul suo aspetto e sulle sue capacità accademiche. Gli insulti la ferivano profondamente, ma un giorno decise di non sopportare più. Elisa iniziò a rispondere agli attacchi con assertività, utilizzando la tecnica della "risposta neutra". Quando uno dei bulli le disse: "Sei troppo stupida per capire questo argomento", Elisa rispose con calma: "Ognuno ha i propri punti di forza e di debolezza. Preferirei discutere di questo in modo costruttivo." La sua risposta ferma e rispettosa sorprese i bulli, che gradualmente persero interesse nell'attaccarla. Elisa trovò anche sostegno in un gruppo di amici che la incoraggiarono e la supportarono.

Storia di Giovanni: Giovanni lavorava come ingegnere in una grande azienda, dove il suo supervisore, Luca, lo umiliava continuamente davanti ai colleghi. Luca diceva spesso: "Non hai idea di cosa stai facendo. Sei solo un peso morto per questo team." Giovanni, frustrato e demoralizzato, decise di cercare aiuto. Si iscrisse a un corso di comunicazione assertiva, dove imparò tecniche come la "richiesta di specificità". La prossima volta che Luca lo attaccò, Giovanni rispose: "Potresti fornirmi esempi specifici delle mie carenze? Vorrei migliorare." Questo approccio mise Luca in difficoltà, poiché non aveva critiche costruttive da offrire. Col tempo, Giovanni costruì la fiducia necessaria per parlare con il direttore delle risorse umane, che intervenne per migliorare la situazione.

Queste storie dimostrano che, nonostante la violenza verbale possa sembrare insormontabile, esistono tecniche e strategie efficaci per affrontarla. Con la giusta combinazione di documentazione, assertività, supporto sociale e aiuto professionale, è possibile superare gli effetti della violenza verbale e costruire una vita più sana e rispettosa.

9. Importanza dell'autodifesa verbale

L'autodifesa verbale è una competenza essenziale per proteggere la propria integrità psicologica e mantenere relazioni sane e rispettose. Imparare a difendersi verbalmente permette di riconoscere e reagire in modo efficace agli abusi verbali, riducendo il loro impatto negativo sulla nostra vita quotidiana. Comprendere l'importanza dell'autodifesa verbale è il primo passo per costruire una vita più equilibrata e sicura.

Un aspetto cruciale dell'autodifesa verbale è la capacità di riconoscere immediatamente quando qualcuno sta cercando di manipolarci o sminuirci attraverso le parole. Ad esempio, se un collega dice: "Non riuscirai mai a completare questo progetto da solo, sei troppo incompetente," è fondamentale identificare questo come un attacco verbale piuttosto che una critica costruttiva. La consapevolezza è il primo strumento di difesa.

Una tecnica efficace per autodifendersi verbalmente è l'uso di "frasi assertive". Le frasi assertive permettono di esprimere i propri sentimenti e bisogni in modo chiaro e deciso, senza essere aggressivi. Ad esempio, se qualcuno ti insulta, puoi rispondere: "Non accetto di essere trattato in questo modo. Se hai delle critiche costruttive, sono disposto a discuterne." Questa risposta non solo protegge la tua autostima, ma comunica anche chiaramente i tuoi limiti all'aggressore.

L'autodifesa verbale include anche la capacità di "definire i propri confini". Stabilire confini chiari e farli rispettare è fondamentale per mantenere relazioni sane. Se un amico continua a fare commenti offensivi sotto il pretesto di essere "scherzoso," puoi dire: "Capisco che tu stia scherzando, ma questi commenti mi feriscono. Ti chiedo di smettere." Se il comportamento continua, è importante essere pronti a prendere ulteriori misure, come allontanarsi dalla relazione.

Un'altra strategia pratica è l'uso della "tecnica del disco rotto." Questa tecnica consiste nel ripetere la stessa risposta assertiva ogni volta che l'aggressore insiste. Per esempio, se qualcuno continua a criticarti nonostante tu abbia già espresso il tuo disappunto, puoi ripetere: "Ho già spiegato che non accetto questo tipo di commenti. Parliamo di qualcosa di costruttivo." La ripetizione ferma e costante rafforza il tuo messaggio e mostra che non sei disposto a cedere.

La "gestione dello stress" è una componente fondamentale dell'autodifesa verbale. Essere in grado di mantenere la calma e non lasciarsi sopraffare dalle emozioni durante un'aggressione verbale è cruciale. Tecniche di respirazione profonda e rilassamento possono aiutare a mantenere il controllo durante situazioni stressanti. Ad esempio, prima di rispondere a un attacco verbale, puoi fare un respiro profondo e contare fino a tre per calmarti e rispondere con lucidità.

Il "supporto sociale" gioca un ruolo importante nell'autodifesa verbale. Avere amici, familiari o colleghi di fiducia con cui parlare delle proprie esperienze può fornire un sostegno emotivo significativo. Inoltre, discutere con persone di fiducia può offrire nuove prospettive e strategie su come affrontare situazioni di violenza verbale.

L'autodifesa verbale è anche una questione di "crescita personale". Imparare a difendersi verbalmente rafforza la propria autostima e sicurezza. Più diventiamo abili nel difenderci, più cresciamo come individui e miglioriamo la qualità delle nostre relazioni. Ad esempio, una persona che riesce a difendersi efficacemente dagli attacchi verbali al lavoro può sentirsi più sicura e apprezzata, migliorando così la propria performance professionale.

Infine, è importante ricordare che l'autodifesa verbale non significa sempre affrontare l'aggressore direttamente. In alcuni casi, può essere più sicuro e strategico allontanarsi dalla situazione o cercare un aiuto esterno. Ad esempio, in una situazione di violenza domestica, potrebbe essere necessario cercare rifugio presso amici, familiari o organizzazioni specializzate.

L'autodifesa verbale è una competenza fondamentale per vivere una vita sicura e rispettosa. Imparando a riconoscere gli abusi verbali e utilizzando tecniche di difesa efficace, possiamo proteggere la nostra integrità psicologica e costruire relazioni più sane e soddisfacenti.

10. Obiettivi del manuale

Questo manuale si propone di fornire strumenti pratici e consapevolezza per affrontare e difendersi dalla violenza verbale. Attraverso una combinazione di tecniche di autodifesa verbale, esempi pratici e storie di sopravvissuti, l'obiettivo è quello di equipaggiare i lettori con le competenze necessarie per riconoscere e reagire efficacemente agli abusi verbali in vari contesti della vita quotidiana.

Il primo obiettivo del manuale è quello di **educare i lettori sulla natura della violenza verbale.** Spesso, la violenza verbale viene sottovalutata o non riconosciuta come una forma di abuso. Questo manuale fornirà una chiara definizione di cosa costituisce la violenza verbale, distinguendola da critiche costruttive e altre forme di comunicazione. Ad esempio, impareremo a identificare frasi come "Sei inutile" o "Non vali nulla" come attacchi verbali piuttosto che critiche costruttive.

Un altro obiettivo chiave è quello di **insegnare tecniche di autodifesa verbale.** Il manuale offrirà una gamma di strategie per rispondere agli attacchi verbali, come l'uso di frasi assertive, la tecnica del disco rotto, e la gestione dello stress. Ad esempio, di fronte a un commento denigratorio come "Non sei capace di fare nulla", il lettore imparerà a rispondere con calma e fermezza: "Non accetto questo tipo di commenti. Parliamo di come possiamo migliorare insieme."

Il manuale mira anche a **promuovere la consapevolezza emotiva e la resilienza.** La violenza verbale può avere effetti profondi sulla salute mentale e l'autostima. Attraverso esercizi pratici e tecniche di ristrutturazione cognitiva, i lettori saranno guidati nel processo di riconoscimento e gestione delle proprie emozioni. Ad esempio, imparando a sostituire i pensieri negativi indotti dall'abuso verbale con affermazioni positive e realistiche, come "Sono competente e ho valore," i lettori possono ricostruire la propria autostima.

Un ulteriore obiettivo è quello di **fornire strumenti per documentare e denunciare la violenza verbale.** Il manuale spiegherà l'importanza di tenere un registro dettagliato degli episodi di abuso, che può includere date, orari, luoghi e contenuti delle conversazioni. Questa documentazione può essere cruciale per presentare una denuncia formale o intraprendere un'azione legale. Ad esempio, il lettore sarà guidato su come mantenere un diario dettagliato degli abusi subiti sul lavoro, che può essere utilizzato come prova in un contesto legale.

Il manuale si propone di **creare una rete di supporto per le vittime di violenza verbale.** Attraverso storie di sopravvissuti e consigli su come cercare aiuto, i lettori saranno incoraggiati a costruire e mantenere una rete di supporto sociale. Sapere che non sono soli nella loro esperienza può fornire conforto e forza. Ad esempio, condividere la propria esperienza con un gruppo di sostegno o con un consulente può offrire nuove prospettive e strategie per affrontare l'abuso.

Un altro obiettivo importante è quello di **sensibilizzare l'opinione pubblica sulla gravità della violenza verbale.** Attraverso la diffusione di conoscenze e storie personali, il manuale spera di contribuire a una maggiore consapevolezza sociale riguardo agli effetti devastanti della violenza verbale e all'importanza di affrontarla in modo efficace. Ad esempio, promuovere discussioni pubbliche e campagne di sensibilizzazione può aiutare a ridurre lo stigma associato alla denuncia di abusi verbali.

Infine, il manuale vuole **incoraggiare un cambiamento culturale verso una comunicazione più rispettosa e costruttiva.** Fornendo esempi di comunicazione assertiva e rispettosa, il manuale non solo insegna come difendersi, ma anche come contribuire a creare ambienti più positivi e rispettosi. Ad esempio, i lettori impareranno a dare feedback costruttivo e a risolvere i conflitti in modo pacifico e rispettoso.

In sintesi, "Il Nuovo Manuale di Autodifesa Verbale: Guida Pratica Contro la Violenza Verbale" si propone di equipaggiare i lettori con le competenze e la consapevolezza necessarie per riconoscere, affrontare e superare la violenza verbale. Attraverso educazione, tecniche pratiche, supporto emotivo e promozione della consapevolezza pubblica, il manuale mira a creare una società in cui la comunicazione rispettosa e costruttiva prevale.

II. Tecniche di Comunicazione Assertiva

1. Cos'è l'assertività?

L'assertività è una competenza comunicativa fondamentale che permette alle persone di:

- Esprimere i propri pensieri, sentimenti e bisogni in modo **chiaro**, **diretto** e **rispettoso.**

- Difendere i propri diritti senza violare quelli degli altri.

- Mantenere un equilibrio tra ascolto e espressione personale durante le interazioni quotidiane.

Differenza tra Assertività, Aggressività e Passività

- **Assertività:** comportarsi in modo deciso ma rispettoso. Ad esempio, esprimere il proprio disaccordo senza attaccare l'altro.

- **Aggressività:** comportarsi in modo dominante e offensivo. Ad esempio, interrompere o criticare apertamente gli altri.

- **Passività:** comportarsi in modo remissivo o sottomesso. Ad esempio, evitare conflitti tacendo i propri sentimenti.

Tecniche per Sviluppare l'Assertività

1. Affermazioni Io

- Iniziare le frasi con "Io" per comunicare i propri sentimenti senza accusare gli altri.

- Esempio: "Quando mi interrompi, mi sento frustrato. Preferirei finire di esprimere il mio punto di vista."

2. Esprimere Opinioni e Sentimenti

- Non temere di esprimere opinioni anche se diverse dagli altri.

- Esempio: "Penso che ci sia un'altra soluzione migliore per questo problema."

3. Rifiutare con Rispetto

- Rifiutare richieste senza sentirsi in colpa o giudicati.

- Esempio: "Mi dispiace, ma in questo momento non posso assumere un altro impegno."

4. Mantenere la Calma

- Gestire le emozioni durante le conversazioni difficili per mantenere una comunicazione efficace.

- Esempio: Respirare profondamente e contare fino a dieci prima di rispondere a una provocazione.

5. Rispettare i Propri Diritti

- Conoscere e rispettare i propri diritti durante le interazioni quotidiane.

- Esempio: "Ho il diritto di esprimere la mia opinione senza essere interrotto."

Benefici dell'Assertività

- Miglioramento delle relazioni interpersonali attraverso una comunicazione più chiara e rispettosa.

- Incremento dell'autostima e del senso di autoefficacia.
- Riduzione dello stress derivante da conflitti mal gestiti.

L'assertività non è solo una competenza comunicativa, ma anche un modo efficace per difendersi dalla violenza verbale mantenendo il rispetto reciproco. Imparare e praticare l'assertività può migliorare significativamente la qualità delle interazioni personali e professionali.

2. Il linguaggio del corpo

Il linguaggio del corpo è un elemento cruciale nell'espressione dell'assertività. Le espressioni facciali, la postura, i gesti e il contatto visivo giocano un ruolo significativo nella comunicazione non verbale durante le interazioni quotidiane. Essi possono rafforzare o indebolire il messaggio verbale trasmesso e influenzare la percezione che gli altri hanno di noi.

Espressioni Facciali e Contatto Visivo

- Mantenere un'espressione facciale aperta e interessata durante una conversazione può indicare interesse e rispetto per l'interlocutore.

- Il contatto visivo diretto mostra fiducia e interesse nella conversazione. Evitare il contatto visivo può essere interpretato come mancanza di fiducia o evasività.

Postura e Gestualità

- Mantenere una postura eretta e aperta trasmette fiducia e sicurezza.

- Gesticolare moderatamente può sottolineare i punti principali della conversazione, ma un'eccessiva gestualità può essere distrattiva.

Spazio Personale

- Rispettare lo spazio personale dell'altro e il proprio è fondamentale per mantenere una comunicazione rispettosa e non invadente.

- Avvicinarsi troppo può essere percepito come aggressivo, mentre allontanarsi troppo può trasmettere disinteresse.

Esempio Pratico

Durante una riunione di lavoro, Maria viene interrotta ripetutamente da un collega mentre sta presentando un progetto. Maria potrebbe utilizzare il linguaggio del corpo per riaffermare la sua posizione assertiva: mantenere una postura eretta, mantenere il contatto visivo con gli altri partecipanti e usare gesti moderati per sottolineare i punti chiave del suo discorso. Questo non solo le aiuta a mantenere il controllo della situazione, ma trasmette anche fiducia e autorevolezza.

Tecniche per Migliorare il Linguaggio del Corpo

- **Praticare davanti allo specchio:** Osservare il proprio linguaggio del corpo può aiutare a identificare abitudini non verbali che possono indebolire il messaggio assertivo.

- **Osservare gli altri:** Notare come le persone assertive usano il linguaggio del corpo può fornire esempi pratici da imitare e adattare al proprio stile di comunicazione.

- **Ricevere feedback:** Chiedere a colleghi di fiducia o amici di osservare il proprio linguaggio del corpo durante le interazioni può fornire preziose informazioni su come migliorare.

Benefici dell'Assertività nel Linguaggio del Corpo

- Miglioramento della percezione personale e professionale, aumentando la fiducia e l'autostima.

- Creazione di connessioni più autentiche e rispettose nelle relazioni interpersonali.

- Riduzione della probabilità di essere vittima di violenza verbale attraverso una comunicazione chiara e rispettosa.

Il linguaggio del corpo è un potente strumento nell'espressione dell'assertività. Integrare una comunicazione verbale e non verbale coesa può migliorare significativamente la capacità di difendersi efficacemente dalla violenza verbale e migliorare la qualità delle interazioni quotidiane.

3. Uso del tono di voce

Il tono di voce è un elemento cruciale nella comunicazione assertiva. Esso trasmette non solo le parole pronunciate, ma anche l'atteggiamento emotivo e l'intenzione dietro il messaggio. Un tono di voce appropriato può rafforzare il messaggio assertivo e favorire una comunicazione efficace, mentre un tono inadeguato può indebolire il messaggio e portare a fraintendimenti o conflitti.

Toni di Voce Efficaci

- **Tonalità calma e ferma:** Un tono calmo ma deciso può trasmettere sicurezza e autorevolezza durante una discussione. Ad esempio, quando si esprime disaccordo, utilizzare un tono che rifletta fiducia nelle proprie opinioni senza essere aggressivi.

- **Tonalità rispettose e risolute:** Mantenere un tono che rispetti gli altri e allo stesso tempo esprima chiaramente i propri sentimenti e pensieri. Evitare toni sarcastici o derisori che possono provocare una reazione difensiva.

Esempio Pratico

Durante una conversazione con un partner di lavoro che critica il proprio lavoro, Anna può rispondere con un tono calmo ma risoluto: "Capisco che hai delle preoccupazioni riguardo al progetto, ma ho fiducia nella mia metodologia. Possiamo discutere insieme delle tue osservazioni per migliorare la collaborazione." Questo tono non solo difende il lavoro di Anna ma apre anche la porta a una discussione costruttiva.

Tecniche per Migliorare l'Uso del Tono di Voce

- **Praticare il controllo del respiro:** Mantenere un respiro calmo e controllato durante una conversazione può aiutare a mantenere un tono di voce stabile e rispettoso.

- **Registrazione e autovalutazione:** Registrare le proprie conversazioni e valutare il proprio tono di voce può fornire un feedback prezioso su come migliorare la comunicazione assertiva.

- **Adattare il tono all'ambiente:** Adattare il tono di voce in base all'ambiente e alla situazione può migliorare la capacità di comunicare in modo efficace con diversi interlocutori.

Benefici dell'Assertività nell'Uso del Tono di Voce

- **Comunicazione chiara e rispettosa:** Favorisce una comunicazione aperta e rispettosa durante le interazioni quotidiane.

- **Riduzione dei conflitti:** Un tono di voce appropriato può contribuire a evitare malintesi e conflitti derivanti da una comunicazione inadeguata.

- **Miglioramento delle relazioni interpersonali:** Creare connessioni più autentiche e positive attraverso una comunicazione assertiva e rispettosa.

Utilizzare il tono di voce in modo efficace è essenziale per esprimere assertività e difendersi dalla violenza verbale. Integrare un tono di voce appropriato con il linguaggio del corpo e le affermazioni assertive può migliorare significativamente la qualità delle interazioni e favorire relazioni più sane e costruttive.

4. Espressioni assertive

Le espressioni assertive sono fondamentali per difendersi dalla violenza verbale e per comunicare in modo efficace e rispettoso durante le interazioni quotidiane. Queste espressioni consentono alle persone di esprimere i propri sentimenti, pensieri e bisogni in modo chiaro, senza compromettere i propri diritti o violare quelli degli altri. Essere in grado di utilizzare espressioni assertive può aiutare a prevenire situazioni di abuso verbale e a gestire conflitti in modo costruttivo.

Caratteristiche delle Espressioni Assertive

- **Chiarezza e Direttezza:** Le espressioni assertive sono dirette e chiare nel comunicare sentimenti è pensieri senza ambiguità.

- **Rispetto reciproco:** Mantengono un rispetto reciproco per sé stessi e per gli altri, evitando comportamenti aggressivi o passivi.

- **Autoaffermazione:** Riaffermano i propri diritti e bisogni senza sentirsi in colpa o indebiti.

Esempi Pratici di Espressioni Assertive

1. **"Io" Statements:** Utilizzare affermazioni che iniziano con "Io" per comunicare sentimenti e bisogni personali senza accusare gli altri.

   - Esempio: "Io mi sento frustrato quando non vengo informato tempestivamente sui cambiamenti di programma."

2. **Descrivere il Comportamento Osservato:** Esprimere come il comportamento dell'altro influisce su di te in modo specifico e obiettivo.

   - Esempio: "Quando non mi vengono riconosciuti i miei contributi, mi sento sottovalutato e demotivato."

3. **Fissare Limiti:** Definire chiaramente i propri confini e limiti in situazioni che possono essere emotivamente cariche.

   - Esempio: "Non sono disposto a discutere di questo argomento quando ci si parla in questo tono. Possiamo riprenderlo quando siamo entrambi più calmi."

Tecniche per Migliorare le Espressioni Assertive

- **Praticare la Conoscenza di Sé:** Avere una chiara comprensione dei propri sentimenti, bisogni e diritti è fondamentale per esprimersi assertivamente.

- **Ruolo Playing:** Simulare situazioni difficili e praticare diverse risposte assertive può aumentare la fiducia nella propria capacità di comunicazione.

- **Ricevere Feedback:** Chiedere feedback a persone di fiducia può aiutare a migliorare l'efficacia delle proprie espressioni assertive.

Benefici delle Espressioni Assertive

- **Miglioramento delle Relazioni:** Favorisce relazioni più aperte e autentiche con gli altri.

- **Riduzione dello Stress:** Gestire conflitti e comunicare in modo assertivo può ridurre il livello di stress derivante da situazioni conflittuali.

- **Prevenzione della Violenza Verbale:** Aiuta a prevenire situazioni di abuso verbale promuovendo una comunicazione rispettosa e consapevole.

Imparare e praticare l'uso di espressioni assertive può essere un passo significativo verso la protezione e il miglioramento delle proprie interazioni personali e professionali.

5. Tecniche di ascolto attivo

Il ascolto attivo è una competenza fondamentale nell'assertività che può aiutare a difendersi dalla violenza verbale e a migliorare le interazioni interpersonali. Essenzialmente, il ascolto attivo implica non solo sentire le parole dell'altro, ma anche comprendere pienamente il loro significato e le emozioni sottostanti. Questo approccio non solo promuove una comunicazione efficace, ma dimostra anche rispetto e considerazione verso l'altro individuo.

Elementi del Ascolto Attivo

- **Rispecchiamento delle Emozioni:** Riflettere le emozioni espresse dall'altro può mostrare empatia e interesse genuino per il suo punto di vista.

  - Esempio: "Sembri frustrato perché non hai ricevuto un chiarimento sul progetto."

- **Parafrasare per Confermare la Comprensione:**

- Ripetere brevemente ciò che l'altro ha detto con le proprie parole per assicurarsi di aver compreso correttamente.

  - Esempio: "Quindi, stai suggerendo che dovremmo considerare un approccio diverso per affrontare il problema?"

- **Fare Domande Aperte:** Utilizzare domande aperte per incoraggiare l'altro a espandere il proprio pensiero e chiarire eventuali malintesi.

  - Esempio: "Puoi spiegarmi di più su come ti senti riguardo a questa decisione?"

Importanza delle Tecniche di Ascolto Attivo

Il ascolto attivo non solo facilita una comprensione più profonda durante le interazioni, ma può anche prevenire malintesi e conflitti derivanti da una comunicazione difettosa. Ad esempio, durante una discussione in ufficio su un progetto, Anna potrebbe praticare il ascolto attivo rispecchiando le preoccupazioni del suo collega e ponendo domande aperte per chiarire ulteriormente le sue posizioni. Questo non solo aiuta a evitare fraintendimenti ma dimostra anche un impegno genuino verso una soluzione collaborativa.

Tecniche per Migliorare il Ascolto Attivo

- **Silenzio Riflessivo:** Praticare il silenzio durante la conversazione per consentire all'altro di esprimersi completamente.

- **Feedback Parziale:** Offrire feedback basato su ciò che è stato detto per confermare la comprensione e incoraggiare ulteriori approfondimenti.

- **Empatia:** Mettersi nei panni dell'altro per comprendere completamente il loro punto di vista e le loro emozioni.

Benefici del Ascolto Attivo

- **Miglioramento delle Relazioni:** Favorisce relazioni più positive e empatiche con gli altri.

- **Prevenzione dei Conflitti:** Riduce la probabilità di fraintendimenti e conflitti attraverso una comunicazione chiara e rispettosa.

- **Accrescimento Personale:** Migliora le competenze
  comunicative e la capacità di gestire situazioni difficili
  in modo costruttivo.

L'ascolto attivo è un'abilità preziosa che non solo promuove
l'assertività ma contribuisce anche a creare un ambiente
comunicativo più sano e rispettoso.

6. Evitare il linguaggio passivo

Il linguaggio passivo è spesso associato a una comunicazione
debole e poco assertiva. Esso si manifesta attraverso
l'evitamento di esprimere i propri sentimenti, pensieri e bisogni
in modo chiaro e diretto. Questo tipo di comunicazione può
rendere le persone più vulnerabili alla violenza verbale, poiché
non difende adeguatamente i propri confini e diritti. Evitare il
linguaggio passivo è fondamentale per sviluppare l'assertività e
migliorare la qualità delle interazioni interpersonali.

Caratteristiche del Linguaggio Passivo

- **Evitamento di Conflitti:** Tendenza a evitare confronti
  diretti o a tacere per paura di causare disagio o conflitto.

- **Espressione Indiretta dei Bisogni:** Difficoltà nel
  comunicare apertamente i propri desideri e necessità.

- **Manieraismi Eufemistici:** Utilizzo di espressioni vaghe
  o eufemismi per nascondere la propria opinione o rifiuto.

Esempi di Linguaggio Passivo

1. *"Si potrebbe...":* Utilizzo di frasi condizionali o vaghe
   che non esprimono una posizione chiara.

- Esempio: "Si potrebbe considerare di cambiare l'approccio al progetto."

2. **"Mi dispiace, ma..."**: Scuse eccessive o preamboli che indeboliscono il messaggio principale.

- Esempio: "Mi dispiace disturbarvi, ma forse potreste abbassare la voce un po'?"

3. **"Non so se possiamo..."**: Espressioni di incertezza che non esprimono un'opinione definitiva.

- Esempio: "Non so se possiamo fare una riunione domani."

Rischi del Linguaggio Passivo

- **Mancanza di Chiarezza:** La mancanza di chiarezza può portare a malintesi e fraintendimenti nelle relazioni.

- **Vulnerabilità alla Manipolazione:** Il linguaggio passivo può essere interpretato come una debolezza e sfruttato da individui più aggressivi o manipolativi.

- **Diminuzione dell'Autorità Personale:** Non difendere adeguatamente i propri confini può minare l'autostima e l'autorità personale.

Tecniche per Migliorare il Linguaggio Assertivo

- **Praticare l'Affermazione:** Sostituire frasi passive con affermazioni dirette che esprimono chiaramente i propri pensieri e sentimenti.

- **Fissare Obiettivi Chiari:** Definire obiettivi specifici per migliorare la comunicazione assertiva e ridurre l'uso del linguaggio passivo.

- **Monitorare il Linguaggio:** Essere consapevoli delle proprie parole e del loro impatto può aiutare a modificare abitudini linguistiche non assertive.

Benefici dell'Assertività nel Linguaggio

- **Miglioramento delle Relazioni:** Favorisce relazioni più sincere e rispettose, basate su una comunicazione chiara e aperta.

- **Aumento dell'Autorità Personale:** Migliora l'autostima e l'autorità personale, consentendo una difesa efficace dei propri diritti.

- **Prevenzione della Violenza Verbale:** Promuove la prevenzione di situazioni di abuso verbale attraverso una comunicazione assertiva e consapevole.

Evitare il linguaggio passivo è un passo cruciale verso lo sviluppo dell'assertività e la difesa efficace contro la violenza verbale nelle interazioni quotidiane.

7. Evitare il linguaggio aggressivo

Il linguaggio aggressivo è un'altra forma di comunicazione non assertiva che può esacerbare i conflitti e aumentare il rischio di violenza verbale. Questo tipo di linguaggio si caratterizza per un tono accusatorio, attacchi personali e una mancanza di rispetto verso gli altri. Evitare il linguaggio aggressivo è fondamentale per mantenere relazioni sane e costruttive, oltre che per difendersi efficacemente dalla violenza verbale.

Caratteristiche del Linguaggio Aggressivo

- **Accuse Dirette:** Utilizzo di parole accusatorie che attaccano direttamente l'altro.

- **Tonalità Irritabile:** Un tono di voce elevato e irritabile che può intimidire o provocare l'altro.

- **Manca di Rispetto:** Mancanza di rispetto per i sentimenti e i diritti dell'altro individuo.

Esempi di Linguaggio Aggressivo

1. **"Tu sei sempre così incompetente!":** Accuse dirette che attaccano la persona anziché il comportamento.

2. **"Non capisco come tu possa essere così stupido!":** Utilizzo di insulti e tono dispregiativo per esprimere disaccordo o frustrazione.

3. **"Sei un fallimento totale!":** Critiche personali che minano l'autostima dell'altro individuo.

Rischi del Linguaggio Aggressivo

- **Aumento dei Conflitti:** Il linguaggio aggressivo spesso provoca reazioni difensive e aumenta il livello di conflitto nelle interazioni.

- **Danneggiamento delle Relazioni:** Minaccia la fiducia e il rispetto reciproco all'interno delle relazioni personali e professionali.

- **Promuove la Violenza Verbale:** Può portare a situazioni di abuso verbale, perpetuando un ciclo di comportamenti non salutari.

Tecniche per Migliorare il Linguaggio Assertivo

- **Praticare la Calma:** Mantenere la calma durante una discussione può aiutare a ridurre il rischio di cadere nel linguaggio aggressivo.

- **Utilizzare "Io" Statements:** Esprimere i propri sentimenti e pensieri utilizzando affermazioni che iniziano con "Io" per evitare accusazioni dirette.

- **Fare Pausa e Respirare:** Prendere una pausa per riflettere prima di rispondere può aiutare a mantenere il controllo emotivo e la chiarezza nella comunicazione.

Benefici dell'Assertività nel Linguaggio

- **Promuove il Rispetto reciproco:** Favorisce un clima di rispetto e comprensione reciproca nelle interazioni.

- **Riduce i Conflitti:** Una comunicazione assertiva può prevenire conflitti e migliorare la gestione delle controversie.

- **Favorisce Relazioni Salutari:** Contribuisce alla creazione di relazioni più sincere e basate sul rispetto reciproco.

Evitare il linguaggio aggressivo è essenziale per sviluppare e mantenere una comunicazione assertiva e rispettosa. Questo non solo protegge dall'abuso verbale ma favorisce anche relazioni più positive e produttive.

8. Gestione delle emozioni

La gestione delle emozioni è un elemento cruciale nell'assertività e nella difesa contro la violenza verbale. Le emozioni possono influenzare profondamente il modo in cui comunichiamo e reagiamo agli altri. Imparare a gestire le proprie emozioni in modo efficace può aiutare a mantenere la calma durante situazioni stressanti e a comunicare in modo assertivo senza ricorrere a comportamenti aggressivi o passivi.

Comprendere le Proprie Emozioni

Prima di poter gestire efficacemente le emozioni durante una situazione di conflitto, è importante essere consapevoli delle proprie emozioni. Questo richiede un'autoriflessione onesta per identificare quali emozioni si stanno provando e cosa le sta causando.

Tecniche di Gestione delle Emozioni

- **Respirazione Profonda:** Praticare la respirazione profonda può aiutare a calmare immediatamente il corpo e la mente durante momenti di tensione.

    - *ESEMPIO PRATICO:* Durante una discussione intensa, Maria si sente arrabbiata e nervosa. Prima di rispondere impulsivamente, si prende un momento per respirare profondamente tre volte per calmarsi.

- **Pratiche di Consapevolezza:** La consapevolezza di sé e delle proprie emozioni può essere migliorata attraverso pratiche come la meditazione o il journaling emotivo.

  - *ESEMPIO PRATICO:* Luca tiene un diario delle emozioni in cui annota i suoi sentimenti quotidiani e riflette su ciò che li ha scatenati, aiutandolo a comprendere meglio se stesso e a gestire meglio le sue risposte emotive.

- **Distrazione Positiva:** Durante momenti di grande stress emotivo, può essere utile distrarsi con attività che portano piacere o rilassamento.

  - *ESEMPIO PRATICO:* Anna, dopo una giornata stressante al lavoro, pratica yoga per rilassarsi e ristabilire l'equilibrio emotivo.

Affrontare le Emozioni Durante il Conflitto

Durante un confronto, è essenziale rimanere concentrati sugli obiettivi della conversazione e non lasciare che le emozioni prendano il sopravvento. Ciò implica un controllo delle risposte emotive e la capacità di rispondere in modo calmo e razionale.

Benefici della Gestione delle Emozioni

- **Migliore Autocontrollo:** La gestione delle emozioni migliora la capacità di rimanere calmi e di rispondere in modo appropriato durante situazioni stressanti.

- **Migliore Comunicazione:** Riduce il rischio di comunicazione non assertiva e favorisce una comunicazione chiara e rispettosa.

- **Relazioni più Salutari:** Promuove relazioni più autentiche e basate sul rispetto reciproco.

Imparare a gestire le proprie emozioni è un passo cruciale verso lo sviluppo dell'assertività e la difesa efficace contro la violenza verbale nelle interazioni quotidiane.

9. Esercizi pratici di assertività

Gli esercizi pratici di assertività sono strumenti efficaci per migliorare le capacità comunicative e difendersi dalla violenza verbale. Questi esercizi mirano a potenziare la fiducia personale, migliorare la capacità di esprimere pensieri e sentimenti in modo chiaro e affermativo, e sviluppare strategie per gestire situazioni di conflitto in modo costruttivo.

1. Role-playing

Il role-playing è una tecnica potente per praticare situazioni di vita reale in un ambiente sicuro. Coinvolgere un amico o un partner di allenamento per simulare scenari di comunicazione difficile può aiutare a prepararsi a rispondere in modo assertivo e controllato.

ESEMPIO PRATICO: Simulare una situazione in cui un collega critica il tuo lavoro in modo non costruttivo. Pratica rispondendo assertivamente, esprimendo il tuo punto di vista in modo chiaro e calmo.

2. Affermazioni Positive

Le affermazioni positive sono dichiarazioni che rafforzano la fiducia in se stessi e promuovono un atteggiamento assertivo. Ripetere affermazioni come "Ho il diritto di esprimere le mie opinioni" o "Merito rispetto e considerazione" può aiutare a interiorizzare il valore dell'assertività.

ESEMPIO PRATICO: Ogni mattina, recitare a voce alta alcune affermazioni positive per prepararsi mentalmente a essere assertivi durante la giornata.

3. Esercizi di Respirazione e Rilassamento

La respirazione profonda e le tecniche di rilassamento sono cruciali per mantenere la calma durante situazioni stressanti. Praticare regolarmente esercizi di respirazione profonda può aiutare a ridurre la tensione emotiva e a rispondere in modo assertivo invece di reagire impulsivamente.

ESEMPIO PRATICO: Praticare la tecnica della "respirazione quadrata" in cui si inspira, si trattiene il respiro, si espira e si trattiene di nuovo per lo stesso numero di conteggio, aiuta a mantenere la calma e a riprendere il controllo durante una discussione intensa.

4. Script di Comunicazione

Preparare script di comunicazione anticipati per situazioni specifiche può essere utile per rispondere in modo assertivo e controllato. Scrivere e memorizzare come rispondere a commenti critici o offensivi può aumentare la confidenza nell'affrontare tali situazioni.

ESEMPIO PRATICO: Scrivere uno script per rispondere assertivamente a un capo che critica il tuo metodo di lavoro. Pratica recitando lo script per migliorare la sicurezza nell'espressione delle tue idee.

Benefici degli Esercizi di Assertività

- **Miglioramento delle Capacità Comunicative:**
  Rafforzano la capacità di esprimere se stessi in modo
  chiaro e rispettoso.

- **Aumento della Sicurezza Personale:** Promuovono la
  fiducia nell'affrontare situazioni di conflitto e di critica.

- **Riduzione dello Stress:** Aiutano a gestire lo stress
  emotivo durante interazioni difficili.

Gli esercizi pratici di assertività sono strumenti efficaci per
sviluppare le competenze necessarie per difendersi dalla
violenza verbale e per comunicare in modo assertivo e
rispettoso nelle relazioni personali e professionali.

10. Applicazioni quotidiane dell'assertività

L'assertività è una competenza trasversale che può essere
applicata in molteplici contesti della vita quotidiana per
migliorare la qualità delle relazioni e difendersi efficacemente
dalla violenza verbale. Imparare a essere assertivi non solo
consente di esprimere se stessi in modo chiaro e rispettoso, ma
aiuta anche a stabilire confini sani e a gestire conflitti in modo
costruttivo.

1. Comunicazione Familiare

In famiglia, l'assertività è cruciale per mantenere un dialogo
aperto e rispettoso tra i membri. Ad esempio, essere in grado di
esprimere i propri bisogni e sentimenti senza timore di reprisal
aiuta a promuovere un clima di comprensione reciproca e
supporto.

ESEMPIO PRATICO: Se un familiare critica continuamente le tue scelte di vita, puoi rispondere assertivamente esprimendo il tuo punto di vista in modo calmo ma deciso, come: "Apprezzo il tuo interesse per la mia vita, ma mi piacerebbe che rispettassi le mie decisioni personali."

2. Ambiente Lavorativo

Nel contesto lavorativo, l'assertività è fondamentale per comunicare efficacemente con colleghi, superiori e clienti. Essere in grado di esprimere opinioni, negoziare condizioni e gestire conflitti professionalmente sono competenze chiave per il successo professionale e il benessere psicologico.

ESEMPIO PRATICO: Durante una riunione di lavoro, se qualcuno interrompe continuamente il tuo discorso, puoi utilizzare tecniche assertive come il "broken record" per riprendere il controllo della conversazione: "Mi scusi, vorrei completare il mio punto."

3. Relazioni Interpersonali

Nelle relazioni interpersonali, l'assertività promuove un dialogo aperto e rispettoso. Essere capaci di esprimere desideri, opinioni e sentimenti in modo chiaro contribuisce a costruire legami più saldi e autentici con gli altri.

ESEMPIO PRATICO: Se un amico o una amica continua a ignorare i tuoi limiti personali, puoi essere assertivo nel far loro capire i tuoi bisogni, come: "Apprezzo la tua compagnia, ma mi piacerebbe che rispettassi il mio bisogno di spazio personale."

4. Situazioni di Servizio e Consumo

Anche in situazioni quotidiane come acquisti al supermercato o interazioni con il servizio clienti, l'assertività è utile per esprimere reclami, richieste o feedback in modo che siano ascoltati e risolti efficacemente.

ESEMPIO PRATICO: Se ricevi un servizio clienti scadente, puoi essere assertivo nel comunicare il tuo disagio e le tue aspettative: "Mi scusi, ma ho avuto un'esperienza deludente con il servizio ricevuto. Potrebbe aiutarmi a risolvere questo problema?"

Benefici dell'Assertività nelle Applicazioni Quotidiane

- **Miglioramento delle Relazioni:** Favorisce relazioni più sincere e rispettose.

- **Gestione Efficace dei Conflitti:** Aiuta a risolvere i conflitti in modo costruttivo e senza escalations.

- **Aumento della Fiducia Personale:** Rinforza la fiducia in se stessi e nella propria capacità di comunicare efficacemente.

Applicare l'assertività nella vita quotidiana è essenziale per migliorare la qualità delle interazioni personali e professionali e per difendersi con successo dalla violenza verbale.

III. Strategie di Difesa Verbale

1. Tecnica del disco rotto

La tecnica del disco rotto è un'abilità efficace per gestire situazioni di conflitto e difendersi dalla violenza verbale in modo assertivo e controllato. Questo approccio prende il nome dal vinile che, anche se graffiato, continua a ripetere la stessa traccia senza deviare. Analogamente, la tecnica del disco rotto consiste nel ripetere calmamente la propria posizione o il proprio messaggio in risposta a provocazioni o critiche, senza essere trascinati nell'escalation emotiva dell'interlocutore.

Come Funziona la Tecnica del Disco Rotto

Durante una situazione di confronto o critica intensa, la tecnica del disco rotto consente di mantenere il controllo emotivo e comunicare in modo assertivo senza lasciarsi sopraffare dalle emozioni negative.

Esempio Pratico:

Immagina di essere in una discussione con un collega che ti accusa ingiustamente di aver commesso un errore sul progetto di cui ti occupi. La tua risposta con la tecnica del disco rotto potrebbe essere: "Capisco che hai delle preoccupazioni riguardo a questo aspetto, ma sono convinto che il nostro approccio sia il più adatto per raggiungere gli obiettivi del progetto. Possiamo valutare insieme le opzioni disponibili."

Tecniche Chiave della Tecnica del Disco Rotto

- **Rimani Calmo e Controllato:** Mantenere un tono di voce calmo e un'espressione facciale neutra aiuta a comunicare sicurezza e controllo.

- **Ripeti il Messaggio:** Continua a ripetere il tuo punto principale senza deviare o cedere alla pressione emotiva dell'interlocutore.

- **Focalizzati sugli Obiettivi:** Concentrati sugli obiettivi della conversazione e mantieni il focus sulle soluzioni anziché sulle accuse o sulle critiche.

Benefici della Tecnica del Disco Rotto

- **Prevenzione dell'Escalation:** Riduce il rischio di escalation emotiva durante le discussioni intense.

- **Mantenimento del Controllo:** Ti permette di mantenere il controllo della situazione e delle tue risposte.

- **Promozione della Chiarezza:** Favorisce una comunicazione chiara e diretta dei tuoi pensieri e delle tue posizioni.

Utilizzare la tecnica del disco rotto richiede pratica e consapevolezza, ma può essere estremamente efficace nel gestire situazioni difficili e difendersi con successo dalla violenza verbale.

2. Tecnica del foglio di alluminio

La tecnica del foglio di alluminio è una strategia potente per difendersi dalla violenza verbale mantenendo un confine emotivo e psicologico forte. Questo approccio prende spunto dalla resistenza fisica e mentale dell'alluminio, che protegge senza cedere sotto pressione. Nella comunicazione, significa creare una barriera protettiva intorno a sé stessi per respingere commenti negativi, critiche distruttive o provocazioni senza permettere che influenzino negativamente il proprio stato emotivo.

Come Funziona la Tecnica del Foglio di Alluminio

Durante un'interazione emotivamente carica o durante una situazione in cui si è bersagliati da critiche o attacchi verbali, la tecnica del foglio di alluminio consente di mantenere un senso di calma e controllo.

Esempio Pratico:

Immagina di essere in una riunione di lavoro dove un collega inizia a criticare il tuo approccio a un progetto. Puoi utilizzare la tecnica del foglio di alluminio rispondendo con calma e rimanendo centrato sulle tue posizioni: "Apprezzo il tuo punto di vista, ma ho valutato attentamente questa strategia e credo che sia la più efficace per raggiungere i nostri obiettivi. Sono aperto/a a discutere di alternative."

Tecniche Chiave della Tecnica del Foglio di Alluminio

- **Mantieni una Postura Emotiva Forte:** Non lasciare che le critiche o le provocazioni minino la tua sicurezza o il tuo equilibrio emotivo.

- **Rispondi con Flessibilità:** Mostra apertura al dialogo e alla discussione, senza lasciarti sopraffare dall'aggressività dell'altro.

- **Stabilisci Limiti Chiari:** Se necessario, stabilisci chiaramente i tuoi confini e non esitare a comunicarli se il tono della conversazione diventa inappropriato.

Benefici della Tecnica del Foglio di Alluminio

- **Protezione Emotiva:** Ti aiuta a proteggerti dall'impatto negativo delle parole offensive o provocatorie.

- **Mantenimento della Composizione:** Favorisce una risposta calma e controllata anche in situazioni stressanti.

- **Preservazione delle Relazioni:** Contribuisce a mantenere relazioni professionali e personali sane nonostante le difficoltà comunicative.

Utilizzare la tecnica del foglio di alluminio richiede pratica e consapevolezza, ma può migliorare significativamente la capacità di affrontare la violenza verbale e di gestire interazioni difficili in modo assertivo.

3. Rispondere con domande

Rispondere con domande è una strategia efficace per gestire la violenza verbale e mantenere il controllo della conversazione. Questo approccio si basa sull'idea di invertire il flusso della comunicazione, ponendo domande mirate all'interlocutore anziché rispondere direttamente alle provocazioni o alle critiche. Rispondere con domande non solo permette di guadagnare tempo per riflettere e rispondere in modo più ponderato, ma può anche mettere l'altro interlocutore sulla difensiva e spingere verso una riflessione più profonda sulla situazione.

Come Funziona Rispondere con Domande

Durante una conversazione difficile o una situazione in cui si è sottoposti a critiche o attacchi verbali, rispondere con domande può aiutare a mantenere il controllo e a gestire la dinamica della conversazione.

Esempio Pratico:

Supponiamo che qualcuno ti accusi ingiustamente di aver commesso un errore sul lavoro. Puoi rispondere con una domanda che inviti l'altro a spiegare ulteriormente la loro posizione, ad esempio: "Mi piacerebbe capire meglio quali sono le tue preoccupazioni riguardo a questo problema. Quali aspetti specifici ritieni possano essere migliorati?"

Questo approccio non solo ti permette di ottenere più informazioni sulla prospettiva dell'altro, ma può anche indurre l'interlocutore a riflettere sulle proprie critiche o ad ammorbidire il tono della conversazione.

Tecniche Chiave di Rispondere con Domande

- **Domande Aperte:** Utilizza domande che richiedono una risposta elaborata anziché semplici "sì" o "no".

- **Rimanere Calmi e Neutrali:** Mantieni un tono di voce calmo e neutrale per evitare di aggiungere carica emotiva alla situazione.

- **Ascolto Attivo:** Ascolta attentamente la risposta dell'altro e usa le informazioni per guidare ulteriormente la conversazione.

Benefici di Rispondere con Domande

- **Controllo della Conversazione:** Ti permette di influenzare il corso della discussione senza lasciarti sopraffare dalle emozioni.

- **Approfondimento della Comprensione:** Favorisce una migliore comprensione delle preoccupazioni o delle critiche dell'altro.

- **Promozione della Riflessione:** Può spingere l'interlocutore a esaminare più attentamente le proprie argomentazioni.

Rispondere con domande è una tecnica versatile che può essere utilizzata in molteplici contesti per gestire la violenza verbale in modo assertivo e costruttivo.

4. Affrontare gli insulti

Affrontare gli insulti richiede una strategia che sia sia efficace
nel difendersi senza alimentare ulteriormente la tensione.
Quando si è bersagliati da insulti, è fondamentale mantenere la
calma e rispondere con assertività per neutralizzare l'attacco e
ripristinare il proprio equilibrio emotivo. Ecco alcune tecniche
pratiche per affrontare gli insulti in modo efficace:

Come Affrontare gli Insulti

Quando si affrontano gli insulti, è essenziale non cadere nella
trappola dell'escalation emotiva. Mantenere il controllo delle
proprie emozioni e rispondere con fermezza e rispetto può
ridurre la potenza degli insulti e ripristinare il rispetto
reciproco.

Esempio Pratico:

Immagina di essere insultato da qualcuno in una situazione
pubblica per una tua azione o una tua opinione. Puoi rispondere
con calma e assertività: "Capisco che tu possa non essere
d'accordo con me, ma apprezzerei se potessimo discutere delle
nostre opinioni in modo più costruttivo."

Tecniche Chiave per Affrontare gli Insulti

- **Mantenere la Calma:** Evita di rispondere con
  impulsività o rabbia. Respira profondamente per
  mantenere la calma emotiva.

- **Rispondere con Fatti:** Se possibile, rispondi agli insulti
  con fatti oggettivi anziché reagire emotivamente.

- **Mantenere il Rispetto:** Anche se sei insultato, cerca
  sempre di rispondere con rispetto e dignità.

Strategie di Difesa Dagli Insulti

- **Ignorare l'Insulto:** A volte, ignorare l'insulto può essere la risposta più potente, dimostrando che le parole offensive non hanno presa su di te.

- **Riflettere e Rispondere:** Se senti di dover rispondere, prenditi un momento per riflettere prima di parlare. Questo ti aiuterà a evitare risposte impulsive.

Benefici dell'Affrontare gli Insulti con Assertività

- **Preservazione della Propria Dignità:** Mantenere la propria dignità e rispetto personale è fondamentale per una sana autostima.

- **Prevenzione dell'Escalation:** Affrontare gli insulti con calma e assertività può prevenire l'escalation della situazione.

- **Costruzione di Relazioni Positive:** Rispondere agli insulti in modo rispettoso può promuovere relazioni più sane e costruttive nel lungo termine.

Affrontare gli insulti richiede pratica e determinazione, ma può essere un'opportunità per sviluppare una maggiore resilienza emotiva e comunicativa.

5. Riformulare in positivo

Riformulare in positivo è una tecnica efficace per rispondere alla violenza verbale trasformando commenti negativi o critici in affermazioni costruttive e orientate alla soluzione. Questo approccio non solo aiuta a mantenere un clima positivo durante una discussione, ma può anche ridurre la tensione emotiva e promuovere una comunicazione più efficace e collaborativa.

Come Funziona Riformulare in Positivo

Quando si riceve una critica o un commento negativo, riformulare in positivo implica trasformare il contenuto del messaggio in qualcosa di costruttivo e orientato al miglioramento.

Esempio Pratico:

Supponiamo che qualcuno critichi la tua gestione di un progetto definendola "confusa". Puoi riformulare in modo positivo rispondendo: "Capisco che potresti vedere la situazione come confusa. Per chiarire, possiamo organizzare una riunione per discutere dei passi successivi e garantire che ci sia chiarezza in tutte le fasi del progetto."

Tecniche Chiave per Riformulare in Positivo

- **Identifica il Nucleo Positivo:** Trova un elemento positivo o una possibilità di miglioramento nella critica ricevuta.

- **Proposta di Soluzioni:** Offri soluzioni o suggerimenti per affrontare le preoccupazioni sollevate in modo costruttivo.

- **Comunicazione Chiara:** Usa un linguaggio chiaro e diretto per evitare fraintendimenti e promuovere una comprensione reciproca.

Benefici del Riformulare in Positivo

- **Promozione della Collaborazione:** Favorisce un dialogo più collaborativo e orientato alla soluzione.

- **Riduzione della Tensione:** Contribuisce a mantenere un clima positivo e rispettoso durante la comunicazione.

- **Sviluppo della Propria Autostima:** Aiuta a mantenere un senso di fiducia e controllo nelle proprie capacità.

Utilizzare la tecnica del riformulare in positivo richiede pratica e consapevolezza, ma può migliorare significativamente la capacità di gestire la violenza verbale e di trasformare critiche in opportunità di crescita personale e professionale.

6. Tecniche di distrazione

Le tecniche di distrazione sono strategie utili per gestire la violenza verbale deviando l'attenzione da una situazione potenzialmente conflittuale o emotivamente carica verso argomenti più neutrali o meno provocatori. Questo approccio può essere efficace per interrompere il flusso di una conversazione aggressiva e creare una pausa che permetta di riprendere il controllo della situazione.

Come Funzionano le Tecniche di Distrazione

Durante una situazione di violenza verbale, le tecniche di distrazione aiutano a cambiare il focus della conversazione senza necessariamente evitare il problema principale. Questo può permettere di guadagnare tempo per riflettere o per riportare la conversazione su un terreno più costruttivo.

Esempio Pratico:

Immagina di essere coinvolto/a in una discussione accesa con un collega che sta diventando sempre più intensa. Puoi utilizzare una tecnica di distrazione dicendo qualcosa come: "Mi sembra che ci siano molte opinioni diverse su questo argomento. Vorrei sentire anche la tua opinione su [argomento correlato]." Questo può spostare temporaneamente l'attenzione su un aspetto diverso della questione, permettendoti di ridurre la tensione emotiva.

Tecniche Chiave delle Tecniche di Distrazione

- **Introduzione di Nuovi Argomenti:** Introduce argomenti collaterali o interessi condivisi che possano distogliere l'attenzione dalla tensione principale.

- **Utilizzo di Umore Leggero:** Cambia il tono della conversazione verso uno più leggero o umoristico per rompere la tensione.

- **Focalizzazione su Aspetti Positivi:** Dirigi la conversazione verso aspetti positivi o soluzioni potenziali anziché concentrarti solo sugli aspetti negativi.

Benefici delle Tecniche di Distrazione

- **Riduzione della Tensione Emotiva:** Aiuta a creare una pausa nella conversazione che può ridurre la tensione e permettere di riprendere il controllo emotivo.

- **Promozione della Calma:** Favorisce un ambiente più calmo e riflessivo durante le discussioni potenzialmente conflittuali.

- **Spostamento dell'Attenzione:** Permette di spostare l'attenzione su argomenti più costruttivi o neutri, evitando un confronto diretto.

Le tecniche di distrazione possono essere utilizzate in modo efficace per gestire situazioni di violenza verbale, mantenendo al contempo il rispetto reciproco e facilitando una comunicazione più costruttiva.

7. Uso dell'umorismo

L'umorismo è una potente arma nella gestione della violenza verbale. Quando usato con saggezza, può distendere atmosfere tese, smorzare tensioni e permettere di affrontare situazioni difficili con leggerezza. Tuttavia, è importante utilizzare l'umorismo in modo appropriato e sensibile per evitare ulteriori conflitti o fraintendimenti.

Come Funziona l'Uso dell'Umorismo

L'umorismo può essere utilizzato per sdrammatizzare una situazione, creare un collegamento emotivo con l'altro interlocutore o semplicemente per cambiare il tono della conversazione da negativo a positivo.

Esempio Pratico:

Supponiamo che tu sia criticato sarcasticamente da un collega per un errore minore. Puoi rispondere con umorismo dicendo: "Sembra che oggi il mio superpotere sia quello di commettere errori! Almeno ho trovato la mia specialità." Questo tipo di risposta umoristica non solo riduce la tensione, ma può anche far riflettere l'interlocutore sul fatto che gli errori sono umani e inevitabili.

Tecniche Chiave per l'Uso dell'Umorismo

- **Semplicità e Chiarezza:** Usa umorismo semplice e chiaro che non richieda spiegazioni aggiuntive.

- **Non Prendersi Troppo Sul Serio:** Evita umorismo che potrebbe essere frainteso o percepito come offensivo.

- **Rispetto e Sensibilità:** Assicurati che l'umorismo non sia a spese dell'altro interlocutore, ma sia orientato a creare un momento di leggerezza condivisa.

Benefici dell'Uso dell'Umorismo

- **Riduzione della Tensione:** Aiuta a rompere il ghiaccio e ridurre la tensione emotiva durante una situazione di conflitto.

- **Promozione della Connessione:** Può creare un ponte emotivo tra te e l'altro interlocutore, facilitando una comunicazione più aperta e costruttiva.

- **Sostenimento del Controllo Emotivo:** Permette di mantenere il controllo emotivo senza cadere nella trappola dell'escalation.

L'uso appropriato dell'umorismo richiede consapevolezza e sensibilità alla situazione e alle persone coinvolte. Quando utilizzato correttamente, può essere un'arma efficace per gestire la violenza verbale e promuovere una comunicazione più positiva e collaborativa.

8. Mantenere la calma

Mantenere la calma è fondamentale durante situazioni di violenza verbale. Essere emotivamente stabili aiuta a preservare la propria dignità, a prendere decisioni più razionali e a gestire meglio le interazioni negative. Questo non significa sopprimere le proprie emozioni, ma piuttosto gestirle in modo costruttivo per evitare l'escalation del conflitto.

Strategie per Mantenere la Calma

1. **Respirazione Profonda:** Inizia con una respirazione profonda per calmare immediatamente la tensione emotiva. Inspirando lentamente per contare fino a quattro e espirando altrettanto lentamente, puoi ridurre lo stress e ritrovare la calma.

2. **Focalizzazione sull'Ascolto Attivo:** Concentrati sull'ascolto attivo anziché reagire impulsivamente. Prenditi del tempo per comprendere veramente ciò che l'altra persona sta dicendo prima di rispondere.

3. **Ripetizione di Frasi Calmanti:** Adotta frasi o affermazioni che ti aiutano a mantenere la calma. Ad esempio, "Posso gestire questa situazione con calma e rispetto".

4. **Visualizzazione di Immagini Rilassanti:** Pratica la visualizzazione di immagini serene o luoghi tranquilli che ti aiutano a mantenere la tranquillità mentale anche durante situazioni stressanti.

Esempio Pratico:

Immagina di essere coinvolto/a in una discussione con toni sempre più accesi. Puoi applicare la tecnica della respirazione profonda, contando lentamente fino a quattro mentre inspiri e espiri, per riportare la tua attenzione al presente e ridurre la risposta emotiva immediata.

Benefici del Mantenere la Calma

- **Prevenzione dell'Escalation:** Riduce il rischio di escalation del conflitto e promuove una comunicazione più pacifica.

- **Preservazione della Propria Dignità:** Aiuta a mantenere il rispetto reciproco e a preservare la propria dignità personale.

- **Miglior Decision Making:** Favorisce una riflessione più chiara e decisioni più razionali durante interazioni difficili.

Mantenere la calma è una competenza che si sviluppa con la pratica e l'autoconsapevolezza. Quando si è in grado di gestire le proprie emozioni, si è anche più capaci di affrontare efficacemente la violenza verbale e di mantenere relazioni positive.

9. Strategie di uscita dalla conversazione

Saper uscire diplomaticamente da una conversazione può essere una strategia efficace per proteggere se stessi durante situazioni di violenza verbale. Questo non implica necessariamente di evitare il problema, ma di scegliere il momento giusto per ritirarsi quando la discussione diventa troppo intensa o non costruttiva.

Tecniche Pratiche per Uscire dalla Conversazione

1. *Riposizionamento della Conversazione:* Cambia argomento in modo graduale e cortese. Ad esempio, puoi dire: "Capisco che hai un'opinione forte su questo argomento. Vorrei anche sentire il tuo punto di vista su [argomento correlato]."

2. *Proposta di Rinvio:* Se la situazione sta diventando troppo intensa, puoi proporre di continuare la discussione in un momento successivo quando entrambi sarete più calmi e riflessivi.

3. *Espressione di Comprensione e Rispetto:* Mostra empatia verso l'altro interlocutore, anche se non sei d'accordo con il loro punto di vista. Ad esempio, puoi dire: "Capisco che questo argomento è importante per te. Vorrei prendere del tempo per rifletterci sopra e continuare la nostra conversazione più tardi."

4. *Escamotage Cortese:* Se necessario, puoi utilizzare un escamotage educato per interrompere la conversazione. Ad esempio, puoi dire: "Mi scuso, devo prendere una chiamata urgente. Possiamo riprendere questa conversazione più tardi?"

Esempio Pratico:

Immagina di trovarsi in una discussione con un amico che si sta trasformando in un confronto emotivo. Puoi utilizzare la tecnica del riposizionamento della conversazione dicendo: "Capisco che hai delle preoccupazioni valide su questo argomento. C'è qualcos'altro di cui vorresti parlare che possiamo esplorare insieme?"

Benefici delle Strategie di Uscita dalla Conversazione

- **Preservazione della Pace:** Aiutano a mantenere un clima pacifico e rispettoso durante le interazioni.

- **Prevenzione dell'Escalation:** Riducono il rischio di un conflitto che possa degenerare in violenza verbale.

- **Riflessione e Approfondimento:** Offrono tempo per riflettere su argomenti complessi prima di proseguire con la conversazione.

Saper uscire elegantemente da una conversazione può essere una competenza sociale preziosa per gestire efficacemente la violenza verbale e mantenere relazioni costruttive e rispettose.

10. Esercitazioni pratiche

Le esercitazioni pratiche sono fondamentali per migliorare le abilità di autodifesa verbale. Esse consentono di mettere in pratica le strategie apprese, sviluppando fiducia e prontezza nell'affrontare situazioni di conflitto verbale. Ecco alcune esercitazioni specifiche che puoi svolgere per raffinare le tue capacità:

1. Simulazioni di Conversazioni

Organizza delle simulazioni di conversazioni con un amico o un partner di fiducia. Scegli argomenti che possono generare opinioni diverse e praticare l'applicazione delle tecniche di autodifesa verbale studiate. Alterna i ruoli di chi assume il ruolo dell'aggressore e chi risponde, così da esplorare diverse prospettive e scenari.

2. Esercizi di Role-playing

Svolgi esercizi di role-playing in cui interpreti sia il ruolo di chi utilizza tecniche assertive sia il ruolo di chi deve gestire situazioni di conflitto. Questo tipo di esercizio permette di sperimentare direttamente le dinamiche interpersonali e di acquisire fiducia nel rispondere in modo assertivo e rispettoso.

3. Analisi Post-Simulazione

Dopo ogni esercitazione, dedica del tempo a discutere e analizzare come è andata la simulazione. Valuta quali tecniche hanno funzionato meglio in determinate situazioni e come avresti potuto migliorare le tue risposte. L'auto-riflessione è fondamentale per imparare dagli errori e raffinare le tue strategie di autodifesa verbale.

4. Feedback Costruttivo

Chiedi al tuo partner di fornirti feedback costruttivo sulla tua performance durante le simulazioni. Ascolta attentamente e prendi nota dei suggerimenti per migliorare le tue capacità comunicative e gestionali nei confronti di situazioni potenzialmente conflittuali.

Esempio Pratico:

Durante una simulazione di conversazione, affronta un tema delicato che potrebbe suscitare reazioni emotive intense. Pratica l'utilizzo delle tecniche di distrazione, umorismo o gestione delle emozioni per mantenere il controllo della situazione e dirigere la conversazione verso una risoluzione positiva.

Benefici delle Esercitazioni Pratiche

- **Miglioramento delle Capacità di Gestione del Conflitto:** Sviluppano competenze pratiche per affrontare situazioni di conflitto verbale con sicurezza e assertività.

- **Aumento della Fiducia Personale:** Incrementano la fiducia nelle proprie capacità di comunicazione e gestione delle relazioni interpersonali.

- **Applicazione delle Tecniche Studiate:** Consentono di applicare in modo concreto le strategie apprese nel contesto reale.

Le esercitazioni pratiche sono un componente essenziale per il miglioramento delle capacità di autodifesa verbale. Continua a praticare regolarmente per affinare le tue abilità e gestire efficacemente le situazioni di conflitto nella tua vita quotidiana.

IV. Difendersi in Ambiente Lavorativo

1. Riconoscere la violenza verbale sul lavoro

Riconoscere la violenza verbale sul luogo di lavoro è essenziale per proteggere il proprio benessere emotivo e professionale. Questo tipo di comportamento non solo compromette il clima lavorativo, ma può anche influenzare negativamente la produttività e la salute mentale dei dipendenti. La violenza verbale sul lavoro può manifestarsi in vari modi, inclusi toni aggressivi, minacce velate, critiche costanti e discriminazioni verbali.

Segnali di Violenza Verbale sul Lavoro

1. **Tonare Autoritari e Minacce Velate:** Manager o colleghi che adottano toni autoritari o utilizzano minacce velate per costringere altri dipendenti a comportarsi o a rispondere in determinati modi.

2. **Critiche Distruttive e Non Costruttive:** Critiche costanti e non costruttive sul lavoro o sulla persona stessa, senza offrire soluzioni o suggerimenti per migliorare.

3. **Mancanza di Rispetto e Discriminazioni Verbali:** Utilizzo di linguaggio discriminatorio o offensivo nei confronti di dipendenti in base a caratteristiche personali come genere, etnia, orientamento sessuale o religione.

4. **Isolamento e Esclusione:** Escludere deliberatamente un dipendente dalle comunicazioni o dalle decisioni di lavoro, creando un ambiente in cui la persona si sente isolata o ignorata.

5. **Sarcasmo e Umiliazione Pubblica:** Uso di sarcasmo, umiliazioni pubbliche o ridicolizzazioni durante riunioni o in presenza di altri colleghi.

Come Affrontare la Violenza Verbale sul Lavoro

Per affrontare efficacemente la violenza verbale sul lavoro, è importante adottare strategie concrete:

- **Documentare gli Incidenti:** Tieni un registro dettagliato di ogni episodio di violenza verbale, inclusi data, ora, persone coinvolte e descrizione dell'evento.

- **Parlare con un Superiore o Risorse Umane:** Se possibile, parla con un superiore o con il dipartimento delle risorse umane per esporre la situazione e cercare soluzioni adeguate.

- **Imparare Tecniche di Autodifesa Verbale:** Acquisire competenze di autodifesa verbale per rispondere in modo assertivo ma rispettoso alle situazioni di conflitto sul lavoro.

- **Cercare Supporto da Colleghi di Fiducia:** Parla con colleghi di fiducia o con un sindacato per ottenere supporto e consigli su come gestire la situazione.

Riconoscere la violenza verbale sul lavoro è il primo passo per proteggere se stessi e promuovere un ambiente di lavoro sano e rispettoso per tutti i dipendenti.

2. Assertività con i colleghi

Essere assertivi con i colleghi è fondamentale per gestire efficacemente situazioni di violenza verbale sul luogo di lavoro. L'assertività implica esprimere i propri pensieri, sentimenti e bisogni in modo chiaro e rispettoso, senza arrendersi o subire abusi verbali. Ecco alcune tecniche pratiche per sviluppare l'assertività con i colleghi:

Tecniche Pratiche di Assertività

1. **Comunicazione Chiara e Diretta:** Usa un linguaggio chiaro e diretto per esprimere i tuoi punti di vista senza ambiguità. Ad esempio, anziché dire "Forse potremmo considerare di..." puoi dire "Penso che dovremmo esplorare questa opzione perché..."

2. **Fermarsi e Respirare:** Se ti trovi in una situazione stressante o emotiva, prenditi un momento per respirare profondamente e raccogliere i pensieri prima di rispondere. Questo ti aiuterà a mantenere la calma e a rispondere in modo più assertivo anziché reattivo.

3. **Concentrarsi sui Fatti:** Quando affronti critiche o accuse, rimani concentrato sui fatti e evita di lasciarti coinvolgere emotivamente. Ad esempio, anziché difendere le tue intenzioni, puoi concentrarti sugli obiettivi e sui risultati raggiunti.

4. **Utilizzo di "Io" anziché "Tu":** Evita di accusare o criticare gli altri direttamente. Invece, parla delle tue esperienze personali utilizzando l'espressione "Io". Ad esempio, anziché dire "Tu non mi ascolti mai!", puoi dire "Mi sento frustrato quando non riesco a essere ascoltato."

5. **Negoziazione e Compromesso:** Quando possibile, cerca soluzioni di compromesso che possano soddisfare entrambe le parti. Questo dimostra la tua volontà di collaborare pur rimanendo assertivo sui tuoi bisogni e punti di vista.

Esempio Pratico

Immagina di essere criticato pubblicamente da un collega durante una riunione. Puoi rispondere in modo assertivo dicendo: "Apprezzo il tuo feedback, tuttavia mi piacerebbe esplorare insieme alternative per affrontare questa situazione in modo più costruttivo."

Benefici dell'Assertività con i Colleghi

- **Miglioramento delle Relazioni Interpersonali:** Favorisce relazioni di lavoro più aperte e rispettose.

- **Riduzione della Tensione:** Contribuisce a ridurre la tensione e il conflitto sul luogo di lavoro.

- **Aumento della Fiducia Personale:** Aumenta la fiducia nelle tue capacità di gestire situazioni difficili con calma e sicurezza.

Sviluppare l'assertività con i colleghi è cruciale per affrontare e mitigare la violenza verbale sul lavoro, creando un ambiente più sano e produttivo per tutti.

3. Difendersi dai superiori

Quando si tratta di affrontare la violenza verbale da parte dei superiori sul lavoro, è fondamentale adottare strategie che siano efficaci senza compromettere la tua posizione professionale. I superiori possono esercitare un potere significativo, ma ci sono modi per rispondere in modo assertivo e proteggere il tuo benessere emotivo. Ecco alcune tecniche pratiche per difendersi dai superiori:

Tecniche Pratiche per Affrontare la Violenza Verbale dai Superiori

1. *Mantenere la Calma e il Controllo:* In situazioni di conflitto con un superiore, è cruciale mantenere la calma e il controllo emotivo. Respira profondamente e cerca di non lasciarti sopraffare dalle emozioni.

2. *Ascoltare Attivamente:* Mostra al tuo superiore che stai ascoltando attentamente ciò che dice, anche se il tono è aggressivo o critico. Usa il linguaggio del corpo aperto e mantieni il contatto visivo per dimostrare rispetto e attenzione.

3. *Chiedere Chiarezza:* Se le critiche o le istruzioni non sono chiare, chiedi al tuo superiore di fornire ulteriori dettagli o esempi specifici per comprendere appieno le sue aspettative.

4. **Esprimere Opinioni e Preoccupazioni in Modo Costruttivo:** Se ritieni di essere trattato in modo ingiusto o inappropriato, cerca di esprimere le tue opinioni e le tue preoccupazioni in modo costruttivo e rispettoso. Ad esempio, puoi dire: "Capisco la tua preoccupazione, tuttavia mi piacerebbe discutere di come possiamo risolvere questo problema insieme."

5. **Documentare gli Incidenti:** Se la situazione persiste e diventa un problema continuo, tieni un registro dettagliato degli incidenti di violenza verbale, inclusi data, ora, circostanze e dettagli specifici dell'evento.

Esempio Pratico

Immagina di essere criticato duramente dal tuo superiore per un errore commesso. Puoi rispondere in modo assertivo dicendo: "Capisco che questo errore abbia avuto conseguenze negative. Vorrei discutere di come possiamo risolvere la situazione e impedire che si ripeta in futuro."

Benefici di Affrontare i Superiori in Modo Assertivo

- **Preservazione dell'Integrità Personale:** Protegge la tua dignità e il tuo benessere emotivo senza compromettere la tua posizione professionale.

- **Promozione di Relazioni di Lavoro Salutari:** Favorisce un clima lavorativo più rispettoso e collaborativo.

- **Sviluppo di Competenze di Leadership:** Migliora le tue competenze di gestione del conflitto e di comunicazione efficace.

Affrontare la violenza verbale dai superiori richiede equilibrio tra assertività e rispetto gerarchico, mantenendo sempre l'obiettivo di promuovere un ambiente lavorativo positivo e produttivo.

4. Comunicazione assertiva in riunione

Le riunioni sono spesso contesti in cui si possono verificare episodi di violenza verbale sotto forma di critiche aspre, interruzioni frequenti o toni aggressivi. Essere in grado di comunicare assertivamente in queste situazioni è cruciale per mantenere il rispetto reciproco e la produttività del gruppo. Ecco alcune tecniche pratiche per affrontare la comunicazione assertiva durante le riunioni:

Tecniche Pratiche per la Comunicazione Assertiva in Riunione

1. **Preparazione Adeguata:** Prima della riunione, preparati bene sugli argomenti da discutere e sui punti che desideri esporre. Questo ti darà fiducia e chiarezza nel comunicare i tuoi pensieri in modo assertivo.

2. **Ascolto Attivo:** Durante la riunione, pratica l'ascolto attivo per comprendere le opinioni degli altri partecipanti. Mantieni il contatto visivo e fai gesti di conferma per dimostrare che stai seguendo la discussione.

3. **Esprimere le Proprie Opinioni Chiaramente:** Quando è il tuo turno di parlare, esprimi le tue opinioni in modo chiaro e diretto. Usa frasi come "Penso che..." o "La mia opinione è che..." per rendere evidenti i tuoi punti di vista senza ambiguità.

4. **Gestire le Interruzioni:** Se sei interrotto durante la tua esposizione, mantieni la calma e riprendi il filo del discorso con fermezza ma cortesia. Puoi dire, ad esempio: "Mi piacerebbe completare il mio pensiero prima di passare alla prossima idea."

5. **Rispondere alle Critiche in Modo Costruttivo:** Se ricevi critiche durante la riunione, evita di difenderti immediatamente. Ascolta attentamente e rispondi in modo costruttivo, mostrando apertura al feedback e proponendo soluzioni o miglioramenti.

Esempio Pratico

Immagina di essere criticato per un'idea proposta durante una riunione. Puoi rispondere in modo assertivo dicendo: "Apprezzo il tuo feedback. Tuttavia, penso che questa proposta possa aggiungere valore al progetto per i seguenti motivi..."

Benefici della Comunicazione Assertiva in Riunione

- **Promuove un Clima di Rispetto:** Favorisce un ambiente di lavoro in cui le opinioni sono ascoltate e rispettate.

- **Aumenta l'Efficienza e la Produttività:** Contribuisce a una discussione più focalizzata e orientata agli obiettivi.

- **Consolida la Propria Autostima Professionale:** Migliora la fiducia nelle proprie capacità di comunicazione e gestione del conflitto.

La comunicazione assertiva in riunione è una competenza chiave per gestire efficacemente la violenza verbale e promuovere una cultura organizzativa di collaborazione e sostegno reciproco.

5. Rispondere alle critiche ingiuste

Le critiche ingiuste sul posto di lavoro possono essere destabilizzanti e dannose per la tua autostima e motivazione. È importante sapere come rispondere a queste situazioni in modo assertivo, senza compromettere la tua integrità o la tua reputazione professionale. Ecco alcune tecniche pratiche per affrontare e rispondere alle critiche ingiuste:

Tecniche Pratiche per Rispondere alle Critiche Ingiuste

1. **Mantenere la Calma:** Prima di rispondere, prenditi un momento per respirare profondamente e mantenere la calma. Evita di rispondere impulsivamente o emotivamente.

2. **Ascoltare Attivamente:** Ascolta attentamente la critica senza interrompere. Mostra che stai prendendo sul serio le preoccupazioni dell'altra persona attraverso il linguaggio del corpo aperto e il contatto visivo.

3. **Chiedere Chiarezza:** Se la critica non è chiara o basata su informazioni incomplete, chiedi spiegazioni aggiuntive in modo rispettoso. Ad esempio, potresti dire: "Posso chiederti di fornirmi un esempio specifico per capire meglio la tua preoccupazione?"

4. **Esprimere il Tuo Punto di Vista:** Una volta compreso il motivo della critica, esprimi il tuo punto di vista in modo chiaro e conciso. Usa un linguaggio assertivo e diretto per difendere la tua posizione senza attaccare l'altra persona.

5. **Proporre Soluzioni o Miglioramenti:** Se la critica è fondata, mostra apertura al cambiamento proponendo soluzioni o suggerimenti per migliorare la situazione. Ad esempio, puoi dire: "Apprezzo il tuo feedback. Prenderò in considerazione le tue osservazioni e lavorerò su questo aspetto per migliorare."

Esempio Pratico

Immagina che ti venga criticato ingiustamente per un errore che non hai commesso. Puoi rispondere in modo assertivo dicendo: "Mi dispiace che tu abbia avuto questa impressione. Vorrei chiarire che non sono stato coinvolto in questa situazione. Posso fornirti maggiori dettagli per chiarire il malinteso?"

Benefici di Rispondere alle Critiche Ingiuste in Modo Assertivo

- **Preservazione dell'Integrità Personale:** Protegge la tua reputazione e il tuo senso di giustizia.

- **Promozione di un Clima di Rispetto:** Mostra agli altri che sei disposto a difendere le tue azioni in modo costruttivo.

- **Sviluppo delle Competenze di Comunicazione:** Migliora la tua capacità di gestire situazioni difficili in modo professionale e assertivo.

Affrontare le critiche ingiuste richiede equilibrio tra difesa personale e mantenimento di rapporti professionali positivi, fondamentali per un ambiente di lavoro sano e collaborativo.

6. Creare un ambiente di lavoro rispettoso

Fondare un ambiente di lavoro rispettoso è cruciale per prevenire e affrontare la violenza verbale. Le relazioni interpersonali positive e il rispetto reciproco contribuiscono non solo al benessere dei dipendenti, ma anche alla produttività e alla soddisfazione complessiva. Ecco alcune strategie pratiche per creare e promuovere un ambiente di lavoro rispettoso:

Tecniche Pratiche per Creare un Ambiente di Lavoro Rispettoso

1. *Promuovere la Consapevolezza:* Organizza sessioni di formazione e workshop sulla comunicazione assertiva, sul rispetto sul luogo di lavoro e sulla gestione del conflitto. Questi programmi aiutano i dipendenti a comprendere l'importanza di un ambiente di lavoro rispettoso e le strategie per mantenere relazioni positive.

2. *Implementare Politiche Chiare:* Assicurati che l'azienda abbia politiche e procedure ben definite per affrontare comportamenti inappropriati, inclusi casi di violenza verbale. Le politiche dovrebbero essere comunicate chiaramente a tutti i dipendenti e applicate in modo equo e consistente.

3. **Favorire la Trasparenza e la Comunicazione Aperta:**
Crea un clima in cui i dipendenti si sentano confortevoli
nel sollevare preoccupazioni o problemi. Promuovi la
comunicazione aperta e trasparente tra colleghi e tra
dipendenti e manager.

4. **Stabilire Regole di Comportamento:** Definisci e
comunica le aspettative di comportamento sul posto di
lavoro. Ad esempio, incoraggia il rispetto delle opinioni
altrui, la cortesia nel linguaggio e la gestione costruttiva
del conflitto.

5. **Promuovere il Lavoro di Squadra e la
Collaborazione:** Favorisci l'atmosfera di lavoro di
squadra e di collaborazione, dove i dipendenti si sentono
supportati e valorizzati. Questo riduce il rischio di
conflitti e favorisce un ambiente di rispetto reciproco.

Esempio Pratico

Immagina di introdurre una politica aziendale che incoraggia il
feedback costruttivo e la risoluzione collaborativa dei problemi.
Questa iniziativa non solo migliora la cultura aziendale, ma
aiuta anche a prevenire situazioni di violenza verbale.

Benefici di un Ambiente di Lavoro Rispettoso

- **Migliora il Clima Organizzativo:** Aumenta la
soddisfazione e l'impegno dei dipendenti, riducendo il
turnover.

- **Aumenta la Produttività:** Un ambiente positivo stimola
la collaborazione e l'innovazione.

- **Attrattività per i Talent:** Un'azienda con una cultura di rispetto attira e mantiene talenti di alta qualità.

Creare e sostenere un ambiente di lavoro rispettoso richiede impegno da parte di tutti i livelli dell'organizzazione, ma i benefici a lungo termine sono significativi per il successo dell'azienda e il benessere dei dipendenti.

7. Tecniche di confronto diretto

Affrontare la violenza verbale sul lavoro richiede a volte il confronto diretto con la persona coinvolta. È importante farlo in modo assertivo e rispettoso, evitando ulteriori conflitti o malintesi. Ecco alcune tecniche pratiche per affrontare la violenza verbale attraverso il confronto diretto:

Tecniche Pratiche per il Confronto Diretto

1. *Scegliere il Momento Giusto:* Trova un momento appropriato e privo di distrazioni per affrontare la questione. Assicurati che entrambe le parti siano disponibili per una discussione aperta e costruttiva.

2. *Esprimere i Sentimenti:* Inizia il confronto esprimendo i tuoi sentimenti in modo chiaro e onesto. Ad esempio, puoi dire: "Mi sento frustrato quando vengono usati toni aggressivi durante le riunioni."

3. *Descrivere il Comportamento Specifico:* Focalizzati sul comportamento specifico che hai osservato o subito. Usa esempi concreti per illustrare il problema. Ad esempio, potresti dire: "Nella riunione di ieri, ho notato che il tuo tono è stato molto critico nei miei confronti."

4. **Usare un Linguaggio Non Accusatorio:** Evita di accusare o attaccare l'altra persona. Usa un linguaggio neutro e focalizzato sul comportamento. Ad esempio, invece di dire "Tu mi attacchi sempre!", puoi dire "Ho notato che alcune volte il tuo linguaggio è stato molto critico."

5. **Ascoltare Attivamente:** Dopo aver espresso le tue preoccupazioni, ascolta attentamente la risposta dell'altra persona senza interrompere. Mostra empatia e cerca di capire il punto di vista dell'altra parte.

6. **Proporre Soluzioni:** Una volta esposti entrambi i punti di vista, lavora insieme per trovare soluzioni o compromessi. Ad esempio, puoi suggerire: "Forse potremmo stabilire delle regole di comportamento per le riunioni per assicurarci che tutti si sentano rispettati."

Esempio Pratico

Supponiamo che tu debba affrontare un collega che ha utilizzato un linguaggio offensivo durante una discussione di gruppo. Puoi affrontare la situazione direttamente dicendo: "Mi dispiace, ma ho trovato il tono della tua voce un po' offensivo durante la nostra discussione. Posso chiederti di essere più attento ai toni utilizzati in futuro?"

Benefici del Confronto Diretto

- **Risoluzione Rapida dei Problemi:** Affrontare direttamente la questione può portare a una rapida risoluzione dei conflitti.

- **Promuove la Trasparenza:** Mostra che sei aperto alla comunicazione e alla risoluzione dei problemi.

- **Stabilisce Limiti Chiari:** Aiuta a stabilire limiti di comportamento accettabile sul posto di lavoro.

Affrontare la violenza verbale attraverso il confronto diretto richiede coraggio e abilità comunicative, ma può contribuire significativamente a migliorare le relazioni interpersonali sul luogo di lavoro.

8. Gestione dello stress lavorativo

La gestione dello stress è fondamentale per affrontare efficacemente la violenza verbale sul posto di lavoro. Il confronto con comportamenti inappropriati può essere emotivamente esigente, ma esistono strategie per gestire lo stress e mantenere la propria salute mentale e emotiva. Ecco alcune tecniche pratiche per gestire lo stress lavorativo in situazioni di violenza verbale:

Tecniche Pratiche per la Gestione dello Stress Lavorativo

1. *Respirazione Profonda:** Quando ti trovi in una situazione stressante, pratica la respirazione profonda per calmare la mente e ridurre la tensione. Inspirando lentamente per contare fino a quattro, trattieni il respiro per quattro secondi e espira lentamente per altri quattro secondi.

2. **Mindfulness e Meditazione:** Dedica alcuni minuti al giorno alla pratica della mindfulness o della meditazione. Queste tecniche aiutano a migliorare la consapevolezza del momento presente e a ridurre lo stress accumulato.

3. **Esercizio Fisico Regolare:** L'esercizio fisico è un
   ottimo modo per ridurre lo stress e migliorare il
   benessere emotivo. Trova attività che ti piacciono, come
   camminare, fare yoga o correre, e praticale
   regolarmente.

4. **Gestione del Tempo:** Organizza il tuo tempo in modo
   efficace per evitare situazioni stressanti dovute a
   scadenze stringenti o sovraccarico di lavoro. Utilizza
   tecniche di pianificazione come la matrice degli
   Eisenhower per prioritizzare i compiti in base
   all'urgenza e all'importanza.

5. **Attività Ricreative:** Dedica del tempo a hobby o attività
   che ti rilassano e ti riempiono di energia positiva. Leggi
   un libro, dipingi, ascolta musica o trascorri del tempo
   con persone care per staccare la mente dal lavoro e
   rigenerarti.

6. **Pratica l'Auto-compassione:** Sii gentile con te stesso
   quando affronti situazioni stressanti. Riconosci i tuoi
   sentimenti e trattati con la stessa gentilezza che
   riserveresti a un amico in difficoltà.

Esempio Pratico

Immagina di essere stato coinvolto in una discussione intensa
sul lavoro che ha incluso toni sgradevoli. Prima di rispondere
impulsivamente, potresti prendere qualche minuto per praticare
la respirazione profonda e ritrovare la calma interiore prima di
affrontare la situazione.

Benefici della Gestione dello Stress Lavorativo

- **Miglioramento della Concentrazione e Produttività:** Riduce le distrazioni e migliora la capacità di concentrarsi sul lavoro.

- **Promuove la Salute Emotiva:** Aiuta a prevenire l'accumulo di stress che potrebbe portare a problemi di salute mentale come ansia e depressione.

- **Migliora le Relazioni Interpersonali:** Favorisce un comportamento calmo e rispettoso, migliorando le interazioni con colleghi e superiori.

La gestione dello stress è una competenza fondamentale per affrontare con successo la violenza verbale sul lavoro, mantenendo un ambiente di lavoro sano e positivo.

9. Politiche aziendali e risorse umane

Le politiche aziendali e il supporto delle risorse umane sono fondamentali per affrontare e prevenire la violenza verbale sul posto di lavoro. Le aziende devono avere linee guida chiare e procedure per gestire casi di comportamento inappropriato, proteggendo i dipendenti e promuovendo un ambiente di lavoro sicuro e rispettoso.

Politiche Aziendali

1. **Politiche Contro la Violenza Verbale:** Le aziende dovrebbero avere politiche scritte che definiscano chiaramente cosa costituisce violenza verbale e quali sono le conseguenze per chi la pratica. Queste politiche devono essere comunicate a tutti i dipendenti durante l'orientamento e riaffermate periodicamente.

2. **Procedure di Denuncia:** Devono essere disponibili procedure chiare e accessibili per i dipendenti che desiderano segnalare casi di violenza verbale. Queste procedure dovrebbero garantire la riservatezza e la protezione del segnalatore da ritorsioni.

3. **Formazione dei Dipendenti:** Oltre alla formazione sull'assertività e la gestione dello stress, i dipendenti dovrebbero essere formati sulle politiche aziendali riguardanti la violenza verbale. Questa formazione può includere workshop interattivi, simulazioni di situazioni e linee guida pratiche su come rispondere a comportamenti inappropriati.

Supporto delle Risorse Umane

1. **Consulenza e Supporto:** Le risorse umane dovrebbero fornire consulenza e supporto ai dipendenti che hanno subito violenza verbale. Questo può includere sessioni di consulenza individuali, gruppi di supporto o riferimenti a professionisti esterni specializzati.

2. **Interventi Tempestivi:** Le risorse umane devono essere
pronte a intervenire tempestivamente in caso di
segnalazioni di violenza verbale. Devono condurre
indagini appropriate e prendere misure correttive rapide
per risolvere la situazione.

3. **Monitoraggio e Revisione:** Periodicamente, le politiche
aziendali e le procedure di risorse umane dovrebbero
essere monitorate e riviste per assicurare che siano
efficaci nel prevenire e affrontare la violenza verbale. Le
revisioni dovrebbero tener conto dei feedback dei
dipendenti e delle migliori pratiche nel settore.

Esempio Pratico

Immagina di lavorare in un'azienda che ha implementato
politiche robuste contro la violenza verbale. Durante
l'orientamento, hai ricevuto una formazione dettagliata su cosa
costituisce violenza verbale e su come segnalare casi di
comportamento inappropriato. Quando hai avuto un'esperienza
di violenza verbale, hai saputo esattamente a chi rivolgerti e
quali passi seguire per affrontare la situazione.

**Benefici delle Politiche Aziendali e del Supporto delle
Risorse Umane**

- **Creazione di un Ambiente di Lavoro Sicuro:**
  Promuove un clima lavorativo rispettoso e collaborativo.

- **Aumento della Morale e della Produttività:** I
  dipendenti si sentono più sicuri e supportati, il che porta
  a una maggiore soddisfazione e rendimento sul lavoro.

- **Riduzione dell'Assenteismo e dell'Attrito:** La gestione efficace dei conflitti riduce il turnover e l'assenteismo legato allo stress da violenza verbale.

Le politiche aziendali robuste e il supporto delle risorse umane sono cruciali per creare e mantenere un ambiente di lavoro sano e positivo, dove tutti i dipendenti si sentano rispettati e protetti.

10. Storie di successo professionale

Le storie di successo professionale sono testimonianze concrete di come individui abbiano affrontato e superato situazioni di violenza verbale sul posto di lavoro mediante l'uso di tecniche assertive e supporto aziendale adeguato.

Esempio di Sara: Affrontare il Bullismo Verbale con Assertività

Sara lavorava in un ufficio dove uno dei suoi colleghi, Tom, utilizzava frequentemente commenti sarcastici e derisori nei suoi confronti durante le riunioni di team. Inizialmente, Sara si sentiva impotente e offesa, ma decise di affrontare la situazione con assertività.

1. *Riconoscimento del Comportamento:* Sara ha iniziato a tenere un registro dei commenti inappropriati e delle situazioni in cui si sentiva sotto attacco da parte di Tom. Questo le ha permesso di comprendere meglio la portata del problema e di prepararsi per affrontarlo in modo costruttivo.

2. **Confronto Diretto:** Dopo aver accumulato evidenze, Sara ha deciso di confrontare Tom in privato, utilizzando un tono di voce calmo ma deciso. Ha esposto chiaramente come si sentisse riguardo ai suoi commenti e ha specificato quali comportamenti desiderava che cambiassero.

3. **Utilizzo dell'Effetto Specchio:** In alcune situazioni, quando Tom faceva commenti sprezzanti, Sara rispondeva con domande mirate che invitavano Tom a riflettere sulle sue parole senza agire in modo difensivo. Ad esempio, quando Tom disse: "Il tuo lavoro è sempre pieno di errori", Sara rispose con calma: "Puoi specificare quali errori hai notato e come possiamo risolverli insieme?" Questo ha spesso interrotto il ciclo di violenza verbale.

4. **Supporto delle Risorse Umane:** Dopo il confronto diretto, Sara ha deciso di segnalare la situazione al dipartimento delle risorse umane. Ha presentato il suo registro di incidenti e ha chiesto un intervento per garantire che Tom comprendesse la gravità delle sue azioni e per prevenire comportamenti futuri simili.

5. **Risultati Positivi:** Grazie alla sua determinazione nell'affrontare la situazione e al supporto delle risorse umane, Sara ha ottenuto un cambiamento significativo nel comportamento di Tom. Quest'ultimo ha iniziato a mostrare maggiore rispetto e considerazione nei confronti di Sara e degli altri colleghi. Inoltre, l'intera squadra ha beneficiato di un miglioramento del clima lavorativo e di una comunicazione più aperta e collaborativa.

Conclusioni

Le storie di successo come quella di Sara dimostrano l'importanza di riconoscere la violenza verbale sul lavoro e di affrontarla con tecniche assertive e supporto aziendale. Sara ha utilizzato con successo strategie di confronto diretto, effetto specchio e supporto delle risorse umane per migliorare il suo ambiente di lavoro e promuovere un comportamento rispettoso.

V. Difendersi in Ambito Familiare

1. Violenza verbale in famiglia

La violenza verbale in famiglia rappresenta una forma dolorosa
e spesso sottovalutata di abuso emotivo, con conseguenze
devastanti per coloro che ne sono vittime. Questo paragrafo
esplora le dinamiche della violenza verbale all'interno delle
relazioni familiari, fornendo strategie concrete per riconoscerla
e affrontarla in modo efficace.

Nelle famiglie, la violenza verbale può manifestarsi attraverso
insulti, minacce, critiche costanti e manipolazioni psicologiche.
È importante comprendere che questa forma di abuso può
essere altrettanto dannosa quanto la violenza fisica, poiché
mina l'autostima e il benessere emotivo della persona colpita.

Riconoscimento dei Segnali

Riconoscere la violenza verbale in famiglia richiede sensibilità
e consapevolezza degli atteggiamenti e dei comportamenti
dannosi. Ad esempio, un partner o un genitore che
costantemente denigra l'altro con commenti sprezzanti o che
utilizza minacce per controllare il comportamento di un
membro della famiglia sono segnali chiari di violenza verbale.
Le vittime possono sentirsi isolate, umiliate e incapaci di
difendersi.

Strategie di Affronto

Per difendersi dalla violenza verbale in famiglia, è essenziale
adottare strategie assertive:

1. **Comunicazione Chiara e Calma:** Quando si affronta un aggressore verbale, è cruciale mantenere la calma e comunicare in modo chiaro e assertivo. Ad esempio, rispondere con frasi come "Mi sento ferito quando mi parli in quel modo" anziché reagire emotivamente può aiutare a interrompere il ciclo di abuso.

2. **Stabilire Limiti:** Definire chiaramente i propri limiti e comunicarli con fermezza è fondamentale. Ad esempio, "Non accetto di essere trattato in questo modo" può essere un modo efficace per stabilire confini personali.

3. **Ricercare Supporto:** Cercare il sostegno di amici, familiari o professionisti può essere cruciale per ottenere il supporto emotivo e pratico necessario per affrontare la situazione.

4. **Documentazione degli Incidenti:** Tenere un registro degli episodi di violenza verbale può essere utile nel caso in cui sia necessario ricorrere a misure legali o protezioni.

Esempio Pratico

Anna, una madre di due figli, ha iniziato a subire frequenti critiche e insulti verbali da parte del marito dopo un periodo di stress finanziario. Ha deciso di affrontare la situazione con un confronto calmo ma deciso, stabilendo chiari limiti sul linguaggio e ricercando il supporto di un consulente matrimoniale per affrontare le cause sottostanti della violenza verbale.

Conclusioni

Affrontare la violenza verbale in famiglia richiede coraggio, consapevolezza e sostegno. Con le giuste strategie e un ambiente di supporto, è possibile rompere il ciclo di abuso e promuovere relazioni più sane e rispettose.

2. Assertività con i familiari

Essere assertivi con i familiari è fondamentale per gestire e ridurre la violenza verbale all'interno delle dinamiche familiari. L'assertività implica esprimere i propri pensieri, sentimenti e bisogni in modo chiaro e rispettoso, senza infrangere i diritti altrui. Tuttavia, in famiglia può essere particolarmente difficile mantenere questa posizione assertiva, soprattutto quando si è abituati a dinamiche di potere disfunzionali o a comportamenti abusivi.

Tecniche di Comunicazione Assertiva

1. **Uso di "Io" anziché "Tu"**: Utilizzare frasi che iniziano con "Io" anziché accusare con "Tu" può aiutare a evitare reazioni difensive. Ad esempio, anziché dire "Tu mi fai sempre sentire inutile", si può dire "Mi sento inutile quando mi viene detto che non sono in grado di fare le cose".

2. **Ripetizione e Conferma**: Ripetere le proprie affermazioni con calma e chiarezza può essere necessario quando ci si trova di fronte a resistenze o negazioni. Ad esempio, se un familiare minimizza la propria responsabilità in un comportamento offensivo, si può ripetere con calma e fermezza il proprio punto di vista.

3. **Fissare Limiti Chiari:** È essenziale stabilire e comunicare limiti chiari riguardo al comportamento accettabile. Ad esempio, "Non accetto di essere urlato" o "Mi aspetto rispetto nel modo in cui mi si parla".

4. **Rispondere alle Critiche in Modo Costruttivo:** Rispondere alle critiche con calma e rispetto può aiutare a trasformare un confronto negativo in un'opportunità di miglioramento reciproco. Ad esempio, accogliere la critica con gratitudine e chiedere chiarimenti può promuovere una comunicazione più aperta e rispettosa.

Esempio Pratico

Maria ha sempre trovato difficile confrontare suo padre quando questo utilizzava un linguaggio offensivo durante le discussioni. Ha iniziato a praticare tecniche di comunicazione assertiva, come l'uso di "Io" anziché accusare e fissare limiti chiari. Durante una cena di famiglia, quando suo padre ha iniziato a criticarla per le sue scelte di carriera, Maria ha risposto con calma e chiarezza, esprimendo i suoi sentimenti e stabilendo il proprio punto di vista senza provocazioni.

Conclusioni

Essere assertivi con i familiari può rappresentare una sfida, ma è fondamentale per promuovere relazioni più sane e rispettose. Con la pratica e il supporto adeguato, è possibile ridurre la violenza verbale e migliorare la qualità delle interazioni familiari.

3. Rispondere a partner aggressivi

Affrontare un partner che manifesta comportamenti aggressivi può essere estremamente stressante e destabilizzante. È importante imparare a rispondere in modo efficace per proteggere la propria integrità emotiva e mantenere relazioni più sane e rispettose. Qui di seguito sono illustrate alcune tecniche pratiche per affrontare un partner aggressivo:

Tecniche di Comunicazione Assertiva

1. **Mantenere la Calma:** La calma è fondamentale per affrontare situazioni di conflitto. Respirare profondamente e mantenere un tono di voce calmo può aiutare a prevenire l'escalation della discussione.

2. **Ascolto Attivo:** Praticare l'ascolto attivo è cruciale. Mostrare interesse per ciò che il partner sta dicendo, senza interrompere o giudicare prematuramente, può ridurre le tensioni e favorire una comunicazione più costruttiva.

3. **Esprimere Sentimenti in Modo Chiaro:** Utilizzare frasi che esprimono i propri sentimenti senza accusare. Ad esempio, anziché dire "Mi fai sempre arrabbiare con il tuo comportamento", si può dire "Mi sento arrabbiato quando mi vengono rivolte certe parole".

4. **Evitare il Contrattacco:** Rispondere con un contrattacco può alimentare il conflitto. È importante concentrarsi sulla propria esperienza e sui propri sentimenti anziché incolpare o attaccare il partner.

Esempio Pratico

Marco e Anna stanno discutendo delle finanze familiari. Marco inizia a sollevare la voce e accusare Anna di essere irresponsabile. Invece di contrattaccare o ritirarsi emotivamente, Anna respira profondamente e risponde con calma: "Mi sento dispiaciuta quando mi accusi di essere irresponsabile. Vorrei discutere le nostre finanze in modo pacifico e rispettoso."

Conclusioni

Affrontare un partner aggressivo richiede pazienza, pratica e una volontà di migliorare la comunicazione all'interno della relazione. Con il tempo e l'impegno, è possibile sviluppare una comunicazione più sana e costruttiva, migliorando così la qualità della relazione.

4. Difendersi da critiche genitoriali

Quando si affrontano critiche dai genitori, può essere un'esperienza emotivamente intensa e complicata. Le critiche possono essere percepite come ferite emotive profonde, specialmente quando provengono da figure di autorità come i genitori. È importante sviluppare strategie per affrontare critiche genitoriali in modo assertivo e costruttivo, mantenendo al contempo il rispetto reciproco e la dignità. Di seguito sono descritte alcune tecniche pratiche:

Tecniche di Comunicazione Assertiva

1. *Ascolto Empatico:* Prima di rispondere, è utile praticare l'ascolto empatico. Provare a comprendere le preoccupazioni dei genitori senza interrompere o difendersi prematuramente può ridurre le tensioni e facilitare una comunicazione più aperta.

2. **Riformulazione delle Critiche:** Alcune critiche possono essere formulate in modo diretto e duro. Invece di reagire impulsivamente, cercare di riformulare le critiche per comprendere meglio le preoccupazioni sottostanti. Ad esempio, se un genitore critica il proprio figlio per il rendimento scolastico, è possibile rispondere: "Capisco che sei preoccupato per i miei risultati scolastici. Posso spiegarti quali sono le difficoltà che sto affrontando?"

3. **Esprimere i Propri Sentimenti:** È importante esprimere in modo chiaro e rispettoso i propri sentimenti rispetto alle critiche ricevute. Ad esempio, anziché difendersi in modo aggressivo, si può dire: "Mi sento frustrato quando sento critiche riguardo al mio lavoro. Vorrei avere la tua comprensione e supporto invece di sentirsi giudicato."

4. **Impostare dei Limiti:** Se le critiche diventano costanti o eccessivamente dannose per l'autostima, è essenziale stabilire dei limiti chiari. Ad esempio, è possibile comunicare in modo assertivo: "Apprezzo il tuo interesse nel mio benessere, ma mi sento ferito dalle tue critiche continue. Preferirei discutere di questo in un momento più adatto."

Esempio Pratico

Maria riceve frequenti critiche dai suoi genitori riguardo alla sua carriera. Invece di reagire con rabbia o frustrazione, decide di applicare le tecniche di comunicazione assertiva imparate. Risponde: "Capisco che sei preoccupato per il mio futuro professionale. Vorrei parlare delle mie scelte di carriera in modo che tu possa capire meglio il mio punto di vista."

Conclusioni

Affrontare le critiche genitoriali richiede pazienza, empatia e la capacità di comunicare in modo assertivo e rispettoso. Con il tempo e la pratica, è possibile migliorare la qualità delle interazioni familiari, promuovendo un dialogo più costruttivo e sano.

5. Gestire conflitti con i figli

Affrontare i conflitti con i figli richiede una combinazione di empatia, comprensione e capacità di comunicazione assertiva. I conflitti possono sorgere in famiglia per una varietà di motivi, tra cui differenze di opinioni, divergenze generazionali e conflitti personali. È fondamentale affrontare queste situazioni con sensibilità e rispetto reciproco per mantenere un ambiente familiare sano e costruttivo.

Tecniche pratiche per gestire conflitti con i figli:

1. *Ascolto attivo:* Prima di reagire emotivamente, è essenziale praticare l'ascolto attivo. Questo significa non solo ascoltare le parole del figlio, ma anche cercare di comprendere le sue emozioni e preoccupazioni sottostanti. Ad esempio, se il figlio esprime frustrazione per le regole familiari, invece di interrompere, si può rispondere: "Capisco che ti senti frustrato. Vuoi spiegarmi cosa ti ha dato fastidio?"

2. *Conferma dei sentimenti:* Validare i sentimenti del figlio è importante per stabilire un collegamento emotivo. Utilizzare frasi come "Capisco perché ti senti così" o "Posso vedere che questo ti ha fatto arrabbiare" aiuta il figlio a sentirsi ascoltato e compreso.

3. **Esprimere chiaramente i confini:** In situazioni in cui il conflitto riguarda le regole o i comportamenti familiari, è cruciale esprimere chiaramente i confini. Ad esempio, anziché evitare il confronto, si può dire: "Riesco a capire perché vuoi fare così, ma come famiglia abbiamo delle regole che dobbiamo rispettare."

4. **Negoziazione e compromesso:** Quando appropriato, essere aperti alla negoziazione e al compromesso può aiutare a risolvere i conflitti in modo collaborativo. Ad esempio, se il figlio desidera modificare un regolamento familiare, si può discutere delle opzioni e trovare un compromesso che soddisfi entrambe le parti.

Esempio pratico

Giulia, una madre di due figli adolescenti, affronta un conflitto con suo figlio maggiore riguardo all'orario di ritorno a casa. Dopo aver ascoltato le preoccupazioni di suo figlio e confermato i suoi sentimenti, propone un compromesso che permette al figlio di avere maggiore autonomia mantenendo comunque la sicurezza familiare.

Conclusioni

Gestire i conflitti con i figli richiede pazienza, empatia e capacità di comunicazione assertiva. Utilizzando queste tecniche pratiche, è possibile promuovere relazioni familiari più forti e basate sul rispetto reciproco.

6. Creare confini sani

Creare confini sani all'interno della famiglia è fondamentale per prevenire e gestire la violenza verbale. Questi confini non solo aiutano a stabilire chiaramente ciò che è accettabile e ciò che non lo è, ma anche a promuovere il rispetto reciproco e la comunicazione aperta tra i membri della famiglia.

Tecniche pratiche per creare confini sani:

1. *Comunicazione chiara:* Esprimere chiaramente le aspettative e i limiti all'interno della famiglia è essenziale. Ad esempio, è importante stabilire che l'uso di parole offensive o di tono aggressivo non sarà tollerato durante le discussioni familiari.

2. *Consistenza:* Mantenere la coerenza nei confini è cruciale per garantire che siano rispettati. Se un membro della famiglia supera un confine, è importante intervenire in modo tempestivo e assertivo per ristabilire il rispetto dei limiti.

3. *Flessibilità con fermezza:* Essere flessibili quando necessario, ma mantenersi fermissimi su questioni importanti. Ad esempio, potrebbe essere possibile negoziare su alcune regole domestiche, ma confini rigidi dovrebbero essere posti su comportamenti violenti o denigratori.

4. *Modello di comportamento:* I genitori e gli adulti in famiglia devono fungere da modelli positivi di comportamento. Se si desidera che i figli rispettino i confini, è importante che vedano questi confini rispettati e applicati coerentemente da parte degli adulti.

Esempio pratico

Maria e Luca, genitori di due bambini piccoli, hanno stabilito regole chiare sulla comunicazione rispettosa in famiglia. Quando uno dei bambini si arrabbia e usa parole offensive, invece di ignorare il comportamento, Maria e Luca intervengono prontamente, spiegano il motivo per cui quel tipo di linguaggio non è appropriato e insegnano alternative più positive.

Conclusioni

Creare confini sani all'interno della famiglia non solo promuove un ambiente sicuro e rispettoso, ma aiuta anche a prevenire la violenza verbale. Utilizzando queste tecniche pratiche, è possibile stabilire una cultura familiare basata sul rispetto reciproco e sulla comunicazione aperta.

7. Tecniche di comunicazione in famiglia

Nel gestire la violenza verbale in famiglia, le tecniche di comunicazione giocano un ruolo cruciale nel promuovere il rispetto reciproco e la comprensione tra i membri della famiglia. Ecco alcune strategie pratiche per migliorare la comunicazione e prevenire conflitti dannosi:

1. *Ascolto attivo:* Praticare l'ascolto attivo significa dare piena attenzione a ciò che l'altra persona sta dicendo senza interruzioni o giudizi precipitosi. Questo tipo di ascolto non solo mostra rispetto, ma aiuta anche a evitare fraintendimenti che possono portare a conflitti.

2. **Comunicazione assertiva:** Essere assertivi significa esprimere i propri pensieri, sentimenti e bisogni in modo chiaro e rispettoso, senza però essere aggressivi o passivi. Ad esempio, anziché reprimere la rabbia e lasciarla esplodere in un momento inopportuno, una madre potrebbe dire al figlio che il suo comportamento le fa sentire frustrata e chiedere di essere ascoltata.

3. **Utilizzo del "Io" anziché del "Tu":** Evitare di incolpare gli altri usando il "tu", che può essere percepito come accusatorio. Invece, concentrarsi sulle proprie esperienze e sentimenti usando frasi come "Mi sento" o "Per me è importante che...", può aiutare a mantenere la comunicazione aperta e non difensiva.

4. **Tempismo e ambiente appropriato:** Scegliere il momento e il luogo giusto per discutere di questioni delicate è essenziale per evitare escalation emotive. Ad esempio, se una discussione sta diventando intensa, potrebbe essere utile interrompere temporaneamente la conversazione e riprenderla quando entrambi i membri della famiglia sono più calmi e disponibili a ascoltarsi reciprocamente.

5. **Risolvere i conflitti in modo costruttivo:** Quando sorgono conflitti, è importante affrontarli in modo costruttivo anziché evitare o reprimere i sentimenti. Ciò può includere l'utilizzo di tecniche di negoziazione e compromesso per raggiungere soluzioni che siano accettabili per entrambe le parti.

Esempio pratico

Anna e Marco, una coppia con due figli adolescenti, hanno imparato ad applicare queste tecniche di comunicazione per gestire le tensioni in famiglia. Quando uno dei figli esprime disagio riguardo alle regole domestiche, anziché ignorare il problema o imporre decisioni senza spiegazioni, Anna e Marco si siedono insieme al figlio per discutere delle sue preoccupazioni e trovare soluzioni che soddisfino tutti.

Conclusioni

Adottare tecniche di comunicazione efficaci in famiglia non solo contribuisce a prevenire la violenza verbale, ma promuove anche un clima di comprensione e rispetto reciproco. Queste pratiche non solo migliorano la qualità delle relazioni familiari, ma anche il benessere emotivo di tutti i membri coinvolti.

8. Supporto esterno e consulenza

Quando si affrontano situazioni di violenza verbale in famiglia, è fondamentale comprendere che non si è soli. Il supporto esterno può essere cruciale per gestire e superare queste difficoltà. Rivolgersi a consulenti o terapeuti specializzati può fornire un ambiente sicuro per esplorare le emozioni, sviluppare strategie di coping e acquisire competenze di comunicazione più efficaci.

Esplorare il supporto psicologico: Trovare un terapeuta o uno psicologo esperto in dinamiche familiari può essere il primo passo verso la guarigione e il cambiamento. Questi professionisti possono aiutare a identificare schemi dannosi e fornire strumenti pratici per migliorare la comunicazione all'interno della famiglia.

Gruppi di supporto: Partecipare a gruppi di supporto per vittime di violenza o per famiglie può essere estremamente benefico. In questi contesti, è possibile condividere esperienze, sentirsi compresi e ricevere consigli pratici da chi ha affrontato situazioni simili.

Ricercare risorse legali e sociali: In casi più gravi, potrebbe essere necessario ricorrere a risorse legali o sociali. Organizzazioni specializzate nella protezione dei diritti delle donne e dei bambini possono offrire assistenza legale, rifugio sicuro e altre risorse cruciali per garantire la sicurezza e il benessere della famiglia.

Educare i familiari: Informare e educare gli altri membri della famiglia sulla gravità della violenza verbale può essere un passo importante verso il cambiamento. Questo può comportare la partecipazione a sessioni educative, consulenze familiari o programmi di gestione della rabbia per ridurre conflitti e promuovere relazioni più sane.

Monitorare il proprio benessere: Durante il processo di affrontare la violenza verbale in famiglia, è essenziale prendersi cura del proprio benessere emotivo e fisico. Questo può includere pratiche di auto-cura, come l'esercizio fisico regolare, la meditazione o la partecipazione a attività che portano gioia e distrazione.

9. Esempi di situazioni familiari

Affrontare la violenza verbale in famiglia richiede la capacità di riconoscere situazioni specifiche e applicare tecniche appropriate per gestirle:

1. **Critiche persistenti:** Immagina di avere un genitore che critica costantemente le tue scelte di carriera nonostante i tuoi successi. Potresti essere continuamente confrontato con commenti negativi riguardo alla tua scelta di lavoro, sminuendo il tuo impegno e le tue realizzazioni. In questi casi, è essenziale difendere il tuo punto di vista in modo assertivo e chiarire il valore delle tue decisioni.

2. **Manipolazioni emotive:** Un esempio potrebbe essere quando un partner cerca di manipolare i tuoi sentimenti per ottenere ciò che vuole. Ad esempio, un partner può usare la colpa o il disprezzo per influenzare le tue decisioni, facendoti sentire responsabile per le loro reazioni emotive anziché concentrarti sulle tue esigenze e sentimenti.

3. **Ignoranza deliberata:** Il silenzio prolungato o l'ignoranza deliberata possono essere usati come forma di punizione emotiva. Ad esempio, un genitore potrebbe ignorare deliberatamente le tue richieste o opinioni, creando un clima di isolamento e riducendo la tua capacità di comunicare apertamente.

4. **Minacce velate:** Le minacce non sempre sono esplicite. Ad esempio, un familiare potrebbe suggerire implicitamente che prenderanno misure punitive o manipolative se non ti comporti secondo le loro aspettative, creando un clima di tensione e paura.

Tecniche pratiche per affrontare queste situazioni:

- **Stabilire confini chiari:** Definire confini personali chiari e comunicarli in modo assertivo può aiutare a prevenire l'abuso verbale e le manipolazioni emotive.

- **Mantenere la calma:** Rispondere con calma e in modo assertivo può interrompere il ciclo della violenza verbale, dimostrando rispetto per se stessi e per gli altri.

- **Cercare supporto:** Trovare un sostegno esterno da amici fidati, consulenti o gruppi di supporto può offrire un ambiente sicuro per esplorare sentimenti e strategie per affrontare la violenza verbale in famiglia.

- **Educazione e consapevolezza:** L'educazione sulle dinamiche della violenza verbale può essere fondamentale per aiutare i membri della famiglia a comprendere l'impatto delle loro parole e azioni sul benessere degli altri.

Questi esempi illustrano come la violenza verbale possa manifestarsi in contesti familiari e offrono strategie pratiche per affrontarla in modo efficace.

10. Risoluzione pacifica dei conflitti

Affrontare i conflitti familiari in modo costruttivo e pacifico è cruciale per mantenere relazioni sane e rispettose all'interno della famiglia. **Ecco alcune strategie pratiche** per gestire efficacemente le tensioni e promuovere una risoluzione pacifica dei conflitti:

1. **Mantenere la calma:** Prima di rispondere a un conflitto, prenditi un momento per respirare profondamente e calmarti. Evita di reagire impulsivamente, il che potrebbe intensificare la situazione.

2. **Praticare l'ascolto attivo:** Mostra interesse genuino per il punto di vista dell'altro familiare. Ripeti ciò che hai sentito per assicurarti di aver compreso correttamente, e rispondi in modo empatico.

3. **Comunicare in modo assertivo:** Esprimi i tuoi sentimenti e pensieri in modo chiaro e rispettoso. Usa frasi come "Mi sento..." per condividere le tue emozioni senza accusare l'altro.

Esempio pratico:

Immagina una situazione in cui due fratelli litigano costantemente sulle pulizie domestiche. Invece di accusarsi a vicenda di non fare abbastanza, possono sedersi insieme e discutere in modo assertivo delle loro aspettative e di come possono collaborare per mantenere la casa pulita. Un fratello potrebbe dire: "Mi sento frustrato quando la cucina è disordinata perché penso che dobbiamo tutti contribuire. Cosa possiamo fare insieme per gestire meglio le pulizie?"

4. **Cercare un compromesso:** Cerca soluzioni che soddisfino entrambe le parti. Sii disposto a negoziare e ad adattarti, dimostrando flessibilità nell'approccio ai problemi.

5. **Coinvolgere un mediatore:** Se il conflitto persiste nonostante i tuoi sforzi, considera di coinvolgere un mediatore familiare o un consulente che possa facilitare una discussione più strutturata e risolvere i problemi in modo neutrale.

Utilizzando queste tecniche, è possibile promuovere una cultura familiare basata sulla comunicazione aperta e il rispetto reciproco, contribuendo a una risoluzione pacifica dei conflitti e al mantenimento di relazioni familiari positive nel lungo termine.

VI. Difendersi in Relazioni Sociali

1. Riconoscere la violenza verbale tra amici

Riconoscere e affrontare la violenza verbale tra amici richiede sensibilità e capacità di discernimento nelle dinamiche interpersonali. Non sempre facile da individuare, questo tipo di comportamento può minare la fiducia e l'autostima se non gestito adeguatamente. Ecco come identificarlo e affrontarlo con efficacia.

Identificare la Violenza Verbale tra Amici:

1. Umiliazioni velate: Spesso si presenta sotto forma di commenti apparentemente innocui ma umilianti, come "Scherzi eh, ma in realtà sei sempre così" o "Non prenderti troppo sul serio, è solo una battuta."

2. Critiche costanti: Le critiche sistematiche e non costruttive riguardo alle tue azioni, decisioni o personalità possono indicare una forma di violenza verbale mascherata da consigli amichevoli.

3. Scherzi che oltrepassano il limite: Quando gli scherzi diventano troppo personali, offensivi o ripetitivi, potrebbero costituire una forma di abuso verbale sotto mentite spoglie di umorismo.

Affrontare la Situazione:

Per esempio, se un amico ridicolizza i tuoi sforzi per migliorarti in un certo campo, puoi affrontare la situazione in modo diretto e assertivo.

Esempio pratico:

"Quando scherzi sui miei tentativi di migliorare nel mio lavoro, mi sento frustrato e non supportato. Vorrei che tu capissi quanto sia importante per me e come questi commenti possano influenzarmi negativamente."

Tecniche Pratiche per Affrontare la Violenza Verbale:

1. Esprimi i tuoi sentimenti: Usa "io" per comunicare i tuoi sentimenti senza accusare direttamente l'altro. Ad esempio, "Mi sento..." anziché "Tu sei sempre…"

2. Stabilisci confini: Fissa dei limiti chiari sul tipo di comportamento che accetti e non accetti dalle persone che consideri amici.

3. Chiedi un cambiamento: Invita il tuo amico a considerare l'impatto delle sue parole e a modificare il suo comportamento per mantenere una relazione rispettosa.

Affrontare la violenza verbale tra amici richiede coraggio e chiarezza, ma può rafforzare le relazioni e promuovere un ambiente di supporto reciproco.

2. Comunicazione assertiva nelle amicizie

La comunicazione assertiva è fondamentale per mantenere relazioni sane e rispettose. Nelle amicizie, può fare la differenza tra un legame solido e un rapporto tossico. Ecco come applicare la comunicazione assertiva per difendersi dalla violenza verbale, mantenendo al contempo il rispetto reciproco.

1. Ascolto attivo: Presta attenzione a ciò che l'altro sta dicendo senza interrompere. Mostra interesse e comprensione, usando risposte come "Capisco cosa intendi" o "Mi sembra che tu stia dicendo che...".

2. Usa "io" anziché "tu": Esprimere i propri sentimenti senza accusare è cruciale. Ad esempio, anziché dire "Tu mi fai sentire così", prova con "Mi sento..." per descrivere le tue emozioni. Questo riduce la difensiva dell'altro e favorisce un dialogo aperto.

3. Mantieni la calma: Anche quando affronti commenti offensivi, cerca di mantenere la calma. Usa un tono di voce fermo ma non aggressivo. Un esempio pratico potrebbe essere: "Mi sento a disagio quando mi parli in questo modo. Preferirei che ci rivolgessimo con rispetto."

Esempio Pratico:

Immagina di essere con un amico che continua a fare battute sgradevoli su una tua scelta di vita, come il tuo lavoro o le tue relazioni. Ecco come potresti rispondere assertivamente:

Situazione: Il tuo amico dice: "Non capisco come tu possa ancora lavorare in quel posto. È davvero una scelta strana."

Risposta assertiva: "Quando dici che il mio lavoro è strano, mi sento poco supportato. Ho scelto questo lavoro perché mi piace e mi dà soddisfazione. Mi farebbe piacere se potessi rispettare la mia scelta."

Tecniche Pratiche:

1. Riformula le critiche: Trasforma le critiche in affermazioni costruttive. Ad esempio, se un amico dice: "Sei sempre così disordinato!", puoi rispondere con: "Preferisco essere visto come creativo piuttosto che disordinato. Posso lavorare su questo, ma apprezzerei più comprensione."

2. Usa il linguaggio del corpo positivo: Mantieni un atteggiamento aperto, con il corpo orientato verso l'altro e contatto visivo. Questo aiuta a trasmettere sicurezza e tranquillità.

3. Pratica l'empatia: Cerca di comprendere il punto di vista dell'altro, ma mantieni i tuoi confini. Ad esempio, "Capisco che tu possa vedere le cose in modo diverso, ma sento che questo commento è offensivo per me."

Con queste tecniche, puoi costruire un dialogo assertivo che promuove rispetto e comprensione reciproca, trasformando le relazioni tossiche in legami sani e duraturi.

3. Difendersi in gruppi sociali

Quando si è parte di gruppi sociali, la dinamica può complicare la gestione della violenza verbale. Ecco come affrontare questa sfida con assertività e rispetto reciproco, preservando le relazioni senza compromettere il proprio benessere.

1. Identifica il contesto: Capire il contesto in cui si verificano le interazioni è fondamentale. Le dinamiche possono variare tra contesti informali, come feste o uscite, e formali, come incontri di gruppo o riunioni.

2. Gestisci le emozioni: Prima di rispondere a un'offesa, prenditi un momento per gestire le tue emozioni. Respira profondamente e chiediti quale sia il tuo obiettivo nella risposta: proteggere il tuo spazio personale, educare gli altri o semplicemente evitare conflitti?

3. Rispondi con fermezza: Quando affronti una situazione di violenza verbale in un gruppo, è cruciale rispondere con fermezza ma senza aggressività. Ad esempio, se qualcuno fa un commento offensivo durante una conversazione di gruppo, potresti dire: "Mi sento a disagio quando si fanno battute su quel tema. Preferirei che ci si concentrasse su argomenti più positivi."

Esempio Pratico:

Situazione: Durante una cena con amici, uno dei presenti fa un commento derisorio sulle tue opinioni politiche.

Risposta assertiva: "Capisco che possiamo avere opinioni diverse, ma preferirei non discutere di politica in modo così scherzoso. Vorrei mantenere un'atmosfera piacevole e rispettosa durante la cena."

Tecniche Pratiche:

1. Utilizza l'umore: Spesso un'uscita umoristica può distendere la tensione senza compromettere il rispetto reciproco. Ad esempio, rispondere con un sorriso: "Sembra che abbiamo opinioni opposte su questo, ma possiamo sicuramente trovare un terreno comune altrove!"

2. Stabilisci limiti chiari: Se una discussione diventa troppo intensa o irrispettosa, non esitare a stabilire dei limiti chiari. Ad esempio, "Sono disposto a discutere, ma solo se manteniamo un tono rispettoso e costruttivo."

3. Crea alleanze: Quando possibile, trova sostegno tra gli altri membri del gruppo che condividono le tue opinioni sulla gestione del rispetto reciproco. Questo può rafforzare la tua posizione e creare un ambiente più positivo per tutti.

Con queste tecniche, puoi affrontare la violenza verbale nei gruppi sociali mantenendo la tua integrità personale e promuovendo relazioni più sanamente costruttive.

4. Tecniche di negoziazione sociale

Negli ambienti sociali, la capacità di negoziare in modo efficace può essere cruciale per affrontare situazioni di violenza verbale senza compromettere le relazioni. Le tecniche di negoziazione sociale aiutano a mantenere il rispetto reciproco mentre si difende il proprio spazio emotivo e le proprie convinzioni.

1. Identifica i punti di convergenza: Prima di affrontare una situazione di conflitto verbale, cerca di individuare i punti in comune con la controparte. Questo può includere interessi condivisi, obiettivi comuni o valori simili. Ad esempio, se stai discutendo con un amico su un argomento delicato, potresti dire: "Sembra che entrambi vogliamo trovare una soluzione che rispetti le nostre opinioni. Possiamo trovare un terreno d'intesa su questo?"

2. Utilizza la tecnica del sandwich: Questa tecnica prevede di iniziare e concludere la conversazione con punti positivi o neutrali, e affrontare il punto critico nel mezzo. Ad esempio, se vuoi esprimere disagio per un commento offensivo di un amico, puoi iniziare dicendo: "Apprezzo la tua sincerità in generale, ma mi sono sentito ferito dal commento che hai fatto." Poi, chiudi con: "Apprezzo molto quando siamo in grado di parlare apertamente delle nostre opinioni."

3. Focalizzati sugli interessi, non sulle posizioni: Invece di concentrarti sulle posizioni rigide, cerca di esplorare gli interessi sottostanti di entrambe le parti. Ad esempio, se stai negoziando su dove andare per una serata fuori, anziché insistere su un luogo specifico, potresti dire: "Vorrei un posto tranquillo per poter parlare, mentre capisco che tu preferisci un posto più vivace. Come possiamo trovare un compromesso?"

Esempio Pratico:

Situazione: Durante una riunione di gruppo, un amico esprime un'opinione in modo brusco che contrasta con la tua.

Tecnica di negoziazione: Inizia con un punto comune: "Sono d'accordo sul fatto che abbiamo punti di vista diversi su questo argomento, ma credo che entrambi cerchiamo una soluzione che funzioni per tutti. Potremmo esplorare altre opzioni?"

Tecniche Pratiche:

1. Ascolto attivo: Pratica l'ascolto attivo per comprendere appieno le preoccupazioni e i punti di vista dell'altra persona. Questo dimostra rispetto e apre la porta a una negoziazione più costruttiva.

2. Proposta di soluzioni: Non limitarti a criticare o a difendere la tua posizione, ma proponi attivamente soluzioni alternative che possano soddisfare entrambe le parti coinvolte.

3. Rispetto reciproco: Mantieni sempre un tono rispettoso e evita di cadere nella critica personale o nell'aggressività durante la negoziazione. Questo aiuta a preservare la relazione anche quando si affrontano argomenti difficili.

Utilizzando queste tecniche di negoziazione sociale, è possibile gestire efficacemente situazioni di violenza verbale nei gruppi sociali, promuovendo il rispetto reciproco e il benessere emotivo.

5. Gestione delle critiche tra pari

Affrontare le critiche tra pari richiede un equilibrio delicato tra difesa dei propri confini e mantenimento delle relazioni. Ecco alcune tecniche pratiche e strategie per gestire le critiche in modo assertivo e costruttivo.

1. Accetta la critica in modo costruttivo: Quando ricevi una critica da un amico, è importante non prendertela personalmente e cercare di capire il punto di vista dell'altra persona. Ad esempio, se un amico ti dice che spesso interrompi durante le conversazioni di gruppo, invece di difenderti immediatamente, potresti rispondere con: "Grazie per avermelo fatto notare. Cercherò di essere più attento e ascoltare di più."

2. Chiedi chiarimenti: Se la critica non è chiara o ti sembra ingiusta, chiedi all'amico di fornire ulteriori dettagli o esempi. Questo ti aiuterà a comprendere meglio la prospettiva dell'altra persona e a rispondere in modo più mirato. Ad esempio, potresti dire: "Posso chiederti di darmi un esempio di quando ho fatto ciò che stai dicendo?"

3. Usa il "modello io": Esprimi come ti senti rispetto alla critica senza attaccare la persona che ti sta criticando. Questo metodo aiuta a comunicare i tuoi sentimenti senza provocare difese nell'altra persona. Per esempio, invece di dire "Non mi piace il modo in cui mi critichi", potresti dire: "Mi sento a disagio quando le critiche vengono formulate in modo così diretto."

Esempio Pratico:

Situazione: Durante una partita di calcio con gli amici, uno dei tuoi amici ti fa notare che sei spesso critico nei confronti degli altri giocatori.

Approccio: Accetta la critica in modo costruttivo: "Capisco il tuo punto di vista. Proverò a essere più positivo e a incoraggiare di più il nostro team."

Tecniche Pratiche:

1. Rifletti prima di rispondere: Prenditi un momento per riflettere sulla critica prima di rispondere. Questo ti aiuterà a evitare risposte impulsive o difensive.

2. Esprimi apprezzamento: Mostra apprezzamento per la critica ricevuta, anche se può essere difficile accettarla all'inizio. Questo dimostra maturità e apertura al miglioramento personale.

3. Riafferma il rispetto reciproco: Sottolinea l'importanza di mantenere il rispetto reciproco durante la discussione delle critiche. Questo aiuta a preservare la relazione e a evitare conflitti ulteriori.

Gestire le critiche tra pari richiede pratica e una buona dose di empatia. Utilizzando queste tecniche, è possibile trasformare le critiche in opportunità di crescita personale e miglioramento delle relazioni.

6. Evitare dinamiche di gruppo tossiche

Le dinamiche di gruppo possono influenzare notevolmente il modo in cui ci comportiamo e ci sentiamo nelle nostre amicizie. Quando queste dinamiche diventano tossiche, è importante saperle riconoscere e gestire per mantenere relazioni sane e positive. Ecco alcune strategie pratiche per affrontare e, se necessario, evitare dinamiche di gruppo che possono portare alla violenza verbale:

1. Riconoscere i segnali di dinamiche tossiche: Le dinamiche di gruppo tossiche possono manifestarsi attraverso comportamenti come esclusione, critiche costanti, gare di superiorità o manipolazioni emotive. Presta attenzione ai segnali che indicano che il gruppo sta diventando dannoso per te o per gli altri.

2. Mantieni la tua integrità: Non cedere alla pressione del gruppo se ciò significa compromettere i tuoi valori o comportarti in modo non genuino. Ad esempio, se il gruppo sta ridendo di una persona alle sue spalle, rifiutati di partecipare e invece prendi posizione per promuovere il rispetto reciproco.

3. Pratica la comunicazione assertiva: Quando ti trovi in una situazione in cui la dinamica di gruppo sta diventando dannosa, usa la comunicazione assertiva per esprimere i tuoi sentimenti in modo chiaro e rispettoso. Ad esempio, puoi dire: "Mi sento a disagio quando ci comportiamo in questo modo. Preferirei se potessimo evitare di ridere alle spalle degli altri."

Esempio Pratico:

Situazione: Durante una festa con amici, il gruppo inizia a criticare aspramente un altro amico che non è presente.

Approccio: Riconosci i segnali di dinamica tossica: "Capisco che possiamo scherzare, ma criticare così aspramente non è appropriato. Preferirei parlare di qualcosa di più positivo."

Tecniche Pratiche:

1. Focalizzati sui valori comuni: Cerca di promuovere conversazioni e attività che siano basate su valori di rispetto reciproco, empatia e sostegno.

2. Sii selettivo nelle amicizie: Se una dinamica di gruppo continua a essere tossica nonostante i tuoi sforzi per cambiarla, considera di allontanarti da quella cerchia e cercare amicizie che promuovano un ambiente più sano.

3. Pensa in modo critico: Non accettare passivamente le dinamiche di gruppo. Metti in discussione comportamenti e atteggiamenti che potrebbero portare alla violenza verbale o all'emarginazione di altri.

Evitare dinamiche di gruppo tossiche richiede consapevolezza, coraggio e capacità di agire in modo assertivo. Quando ti impegni a promuovere relazioni positive e rispettose, contribuisci a creare un ambiente più sano e appagante per te stesso e per gli altri.

7. Creare relazioni sane

Creare e mantenere relazioni sane tra amici è fondamentale per prevenire la violenza verbale e promuovere un ambiente di sostegno reciproco. Ecco alcuni passi pratici per coltivare relazioni positive e difendersi efficacemente dalla violenza verbale all'interno di un gruppo di amici:

1. Comunicazione aperta e trasparente: La base di ogni relazione sana è una comunicazione aperta e trasparente. Prenditi il tempo di ascoltare attivamente gli altri e di esprimere i tuoi sentimenti in modo chiaro e rispettoso. Quando si affrontano problemi o malintesi, fallo direttamente con la persona coinvolta anziché lasciare che i sentimenti negativi si accumulino.

Esempio Pratico:

Immagina di essere in un gruppo di amici dove ultimamente c'è stata tensione a causa di critiche reciproche non costruttive. Per creare una relazione più sana, potresti decidere di affrontare la situazione direttamente, chiedendo un incontro privato con i tuoi amici più stretti per discutere delle dinamiche di gruppo e trovare insieme delle soluzioni per migliorare la comunicazione e ridurre le critiche.

2. Rispetto reciproco: Il rispetto reciproco è essenziale per mantenere una relazione sana. Rispetta le opinioni, i valori e i confini degli altri e aspettati lo stesso in cambio. Evita di criticare o giudicare e sii empatico verso le esperienze e i sentimenti degli altri.

3. Promuovere l'empatia e la comprensione: Pratica l'empatia ponendoti nei panni degli altri e cercando di comprendere il loro punto di vista. Quando gli amici si sentono compresi e ascoltati, sono più propensi a mantenere una comunicazione aperta e a evitare comportamenti dannosi come la violenza verbale.

Tecniche Pratiche:

1. Ascolto attivo: Pratica l'ascolto attivo concentrando la tua attenzione su ciò che l'altra persona sta dicendo senza interruzioni o giudizi. Usa il feedback verbale e non verbale per mostrare che stai ascoltando attentamente.

2. Esprimi apprezzamento: Mostra gratitudine e apprezzamento per i tuoi amici quando agiscono in modo positivo e costruttivo. Questo rafforza i legami e incoraggia comportamenti sani all'interno del gruppo.

3. Stabilisci confini chiari: Se ti trovi in situazioni in cui gli amici superano i tuoi confini personali o criticano eccessivamente, sii pronto a stabilire confini chiari e a comunicare i tuoi limiti in modo assertivo ma rispettoso.

Creare relazioni sane richiede impegno da entrambe le parti e una costante attenzione alla qualità della comunicazione e dell'interazione. Quando tutti i membri del gruppo si sforzano di promuovere un ambiente di rispetto reciproco e sostegno, si può prevenire efficacemente la violenza verbale e costruire legami significativi e duraturi.

8. Gestire le situazioni imbarazzanti

Quando ci troviamo di fronte a situazioni imbarazzanti nelle nostre relazioni personali, è fondamentale adottare un approccio assertivo per affrontarle con efficacia senza compromettere il rapporto. Ecco alcune tecniche pratiche per gestire queste situazioni:

1. **Mantenere la calma:** La chiave per gestire situazioni imbarazzanti è mantenere la calma e non lasciare che le emozioni negative prendano il sopravvento. Respirare profondamente e prendersi un momento per raccogliersi può aiutare a mantenere la compostezza.

2. **Accettare l'incidente:** Accettare che l'imbarazzo è un'emozione naturale può ridurne l'effetto. Non è necessario nascondere o negare l'evento imbarazzante, ma affrontarlo con maturità può contribuire a smorzare la tensione.

3. **Utilizzare l'umorismo:** Quando appropriato, l'umorismo può essere un ottimo modo per alleggerire la situazione. Tuttavia, è importante evitare di ridurre l'importanza dei sentimenti degli altri o di trasformare l'umorismo in una forma di evasione dal confronto diretto.

4. **Affrontare il problema:** Se la situazione richiede una risposta diretta, è essenziale affrontarla in modo chiaro ma rispettoso. Ad esempio, se qualcuno fa un commento imbarazzante, è possibile rispondere con calma e assertività per mettere a proprio agio entrambi.

5. **Chiedere aiuto:** Se la situazione diventa troppo difficile da gestire da soli, non esitare a chiedere supporto a un amico fidato o a una persona di fiducia. Parlare con qualcuno può fornire prospettive diverse e conforto emotivo.

6. **Imparare dall'esperienza:** Le situazioni imbarazzanti possono essere occasioni per imparare e crescere. Riflettere sull'evento e sull'approccio adottato può aiutare a sviluppare capacità migliori di gestione delle emozioni e delle relazioni.

Affrontare le situazioni imbarazzanti con un approccio assertivo non solo promuove relazioni più sane, ma consolida anche la nostra capacità di gestire situazioni difficili con intelligenza emotiva e rispetto reciproco.

9. Supporto reciproco tra amici

Quando si affrontano dinamiche di violenza verbale tra amici, è fondamentale stabilire un ambiente di supporto reciproco e di fiducia. Ecco alcune tecniche pratiche per promuovere questo tipo di sostegno:

- **Ascolto attivo:** Praticare l'ascolto attivo è essenziale per dimostrare interesse e rispetto verso il punto di vista dell'altro. Questo comporta concentrarsi pienamente sull'amico, evitando distrazioni e mostrando empatia attraverso espressioni facciali e linguaggio del corpo.

- **Comunicazione aperta:** Favorire un dialogo aperto e onesto aiuta a prevenire fraintendimenti e risentimenti accumulati. Esprimere le proprie opinioni e sentimenti in modo chiaro e rispettoso può ridurre il rischio di conflitti e malintesi.

- **Condivisione di esperienze:** Raccontare esperienze personali simili può aiutare a creare un senso di comprensione reciproca e solidarietà tra gli amici. Questo non solo rafforza il legame tra di loro, ma anche offre supporto emotivo in momenti difficili.

- **Stabilire confini:** È importante stabilire confini chiari e rispettarli reciprocamente. Questo può includere il riconoscimento e il rispetto delle preferenze personali e delle esigenze di spazio individuale.

- **Intervenire quando necessario:** Se si nota che un amico sta vivendo situazioni di violenza verbale, è essenziale intervenire in modo appropriato. Ciò potrebbe significare fornire un sostegno attivo, offrire risorse utili o suggerire l'assistenza di professionisti qualificati.

Esempio pratico:

Immagina di essere in una situazione in cui un amico sta subendo critiche costanti da parte di un altro membro del gruppo. Potresti intervenire chiedendo al responsabile delle critiche di considerare il punto di vista dell'amico e di esprimersi in modo più rispettoso. Questo tipo di intervento non solo protegge l'amico, ma anche promuove un ambiente di supporto reciproco tra tutti i membri del gruppo.

Queste pratiche possono contribuire a creare relazioni sane e ad affrontare la violenza verbale all'interno dei gruppi di amicizia. È fondamentale promuovere un clima di rispetto e sostegno per garantire il benessere emotivo di tutti i membri.

10. Storie di amicizie recuperate

Ripristinare un'amicizia dopo un periodo di conflitto può essere una sfida significativa, ma anche estremamente gratificante. Ecco alcuni passaggi pratici e esempi per affrontare questa situazione delicata:

1. **Riflessione sincera:** Prima di cercare di ristabilire il contatto, prenditi del tempo per riflettere sugli eventi passati. Ad esempio, immagina di aver avuto una disputa con un amico a causa di malintesi su progetti condivisi. Chiediti cosa ha contribuito al conflitto: forse una mancanza di comunicazione chiara o aspettative non esplicite.

2. **Comunicazione aperta:** Sii aperto riguardo ai tuoi sentimenti e ascolta attentamente il punto di vista dell'altro. Ad esempio, puoi iniziare il dialogo dicendo: "Mi dispiace se le cose sono andate male tra di noi. Vorrei capire meglio il tuo punto di vista." Evita di interrompere e cerca di comprendere completamente la prospettiva dell'altro.

3. **Chiedi scusa sinceramente:** Se hai contribuito al conflitto, chiedi scusa in modo sincero e senza giustificazioni. Ad esempio, puoi dire: "Mi rendo conto che ho sbagliato a non comunicare meglio i miei pensieri. Mi dispiace per il modo in cui ho gestito la situazione." Riconoscere i propri errori è fondamentale per avviare un processo di guarigione.

4. **Costruisci fiducia gradualmente:** Dopo aver chiarito il passato, costruisci la fiducia gradualmente attraverso azioni coerenti e parole rispettose. Ad esempio, potresti impegnarti a essere più disponibile nel condividere le tue idee e a fare uno sforzo consapevole per ascoltare meglio le opinioni dell'altro. Mostra il tuo impegno verso l'amicizia recuperata con piccoli gesti di gentilezza e supporto.

5. **Storie di successo:** Rifletti su altre situazioni in cui hai recuperato un'amicizia. Cosa ha funzionato per te in quei casi? Ad esempio, potresti aver affrontato una situazione simile in passato dove la chiarezza e la sincerità hanno giocato un ruolo chiave nel ristabilire il legame. Questi esempi possono fornire ispirazione e speranza durante il processo di recupero dell'amicizia attuale.

Ripristinare un'amicizia richiede pazienza, empatia e impegno da entrambe le parti. È un viaggio che può portare a una relazione rinnovata e più forte, arricchita dall'esperienza del superamento dei conflitti.

VII. Difendersi in Situazioni Pubbliche

1. Identificare la violenza verbale in pubblico

Nel contesto delle interazioni pubbliche, riconoscere la violenza verbale è essenziale per proteggere il proprio benessere emotivo e psicologico. La violenza verbale può manifestarsi in vari modi, spesso mascherata da commenti che possono sembrare innocui ma che hanno un impatto significativo sulle emozioni e sull'autostima delle persone coinvolte.

1. Osservazione del Tono e del Linguaggio Non Verbale:

- **Tono di Voce:** Presta attenzione al tono con cui vengono pronunciate le parole. Un tono sarcastico, severo o denigratorio può indicare un intento offensivo.

- **Linguaggio del Corpo:** Guarda i segnali non verbali della persona che parla. Espressioni facciali, gesti bruschi o sguardi intensi possono suggerire un'aggressione nascosta dietro le parole.

ESEMPIO PRATICO: Durante una riunione di lavoro, un collega commenta sarcasticamente sulle tue idee senza offrire contributi costruttivi, usando un tono di voce tagliente. Questo tipo di comportamento può minare la tua fiducia e rappresenta un esempio di violenza verbale.

2. Analisi del Contenuto delle Parole:

- **Critiche Costanti:** Se qualcuno continua a criticare le tue azioni, idee o caratteristiche personali in pubblico, anche sotto forma di "scherzi", potrebbe essere un segnale di violenza verbale.

- **Umiliazione Pubblica:** La denigrazione o l'umiliazione di fronte ad altre persone può essere un modo subdolo ma dannoso di esercitare violenza verbale.

ESEMPIO PRATICO: Durante un incontro sociale, un amico fa commenti umilianti sulla tua carriera, facendo ridere gli altri presenti. Questo tipo di comportamento non solo ferisce emotivamente, ma può anche compromettere la tua reputazione sociale.

3. Confronto Assertivo e Difesa Personale:

- **Esprimere i Propri Sentimenti:** Se ti trovi vittima di violenza verbale in pubblico, è importante esprimere chiaramente come ti senti senza ricorrere alla stessa aggressività.

- **Imparare a Dire No:** Impara a stabilire confini chiari e a rifiutare commenti offensivi o umilianti in modo deciso ma rispettoso.

ESEMPIO PRATICO: Rispondere assertivamente dicendo, "Capisco che potresti non essere d'accordo con me, ma apprezzerei se potessimo discutere delle nostre differenze senza umiliarci reciprocamente."

Conclusione

Riconoscere la violenza verbale in pubblico richiede una combinazione di consapevolezza delle dinamiche comunicative, capacità di analisi e assertività nell'esprimere i propri sentimenti. Queste competenze non solo proteggono il tuo benessere emotivo, ma contribuiscono anche a mantenere relazioni interpersonali rispettose e costruttive.

2. Assertività in luoghi affollati

Nel contesto di luoghi affollati, come eventi pubblici, riunioni o luoghi di intrattenimento, è comune trovarsi esposti a situazioni di violenza verbale mascherata da commenti apparentemente innocui ma che possono essere emotivamente dannosi. L'assertività in questi contesti è fondamentale per mantenere il proprio spazio emotivo e proteggere il proprio benessere. Ecco alcuni approcci pratici e tecniche per affrontare la violenza verbale in luoghi affollati:

1. Mantenere la Calma e la Composizione:

- **Respirazione Profonda:** Pratica la respirazione profonda per mantenere la calma in situazioni stressanti o emotivamente cariche.

- **Controllo del Corpo:** Mantieni un linguaggio del corpo aperto e rilassato per trasmettere sicurezza e tranquillità.

ESEMPIO PRATICO: Durante un concerto, qualcuno accanto a te critica apertamente la tua scelta di abbigliamento. Respira profondamente per calmarti e rispondi con calma, "Apprezzo il tuo punto di vista, ma mi sento a mio agio con il mio stile."

2. Gestire le Interruzioni e le Sovraffollature:

- **Gestione dello Spazio Personale:** Impara a difendere il tuo spazio fisico in modo assertivo ma cortese, specialmente in luoghi affollati.

- **Rispondere alle Interruzioni:** Se qualcuno interrompe la tua conversazione con commenti sgarbati o sarcastici, usa una voce ferma ma tranquilla per riprendere il controllo della situazione.

ESEMPIO PRATICO: In una fiera, mentre stai parlando con un espositore, un'altra persona taglia la coda con una battuta sprezzante. Rispondi assertivamente, "Mi scusi, stavo parlando con l'espositore. Possiamo aspettare il nostro turno?"

3. Utilizzare l'Ascolto Attivo e la Riflessione Empatica:

- **Ascolto Attivo:** Pratica l'ascolto attivo per comprendere le preoccupazioni o le opinioni degli altri senza sentirsi attaccati.

- **Riflessione Empatica:** Rifletti sulle emozioni degli altri e usa frasi come "Capisco che ti senti frustrato, ma…"

ESEMPIO PRATICO: Durante una conferenza, un partecipante critica apertamente il tuo contributo al dibattito. Prima di rispondere, mostra empatia e ascolto attivo per calmare la situazione.

Conclusione

Essere assertivi in luoghi affollati implica non solo la capacità di difendersi dalla violenza verbale ma anche di mantenere relazioni positive e costruttive con gli altri presenti. Queste tecniche non solo proteggono il tuo benessere emotivo ma promuovono anche un ambiente più rispettoso e collaborativo.

3. Tecniche di difesa in trasporti pubblici

Nel contesto dei trasporti pubblici, è cruciale essere preparati per affrontare situazioni di violenza verbale in modo assertivo e sicuro. I trasporti pubblici possono essere luoghi stressanti e affollati, dove le interazioni tra passeggeri possono facilmente sfociare in conflitti verbali. Ecco alcune tecniche pratiche per difendersi dalla violenza verbale nei trasporti pubblici:

1. Mantenere la Calma e il Controllo:

- **Respirazione Consapevole:** Pratica la respirazione profonda per mantenere la calma durante situazioni emotivamente cariche.

- **Gestione delle Emozioni:** Controlla la tua reazione emotiva per evitare escalation negative.

ESEMPIO PRATICO: Se qualcuno ti critica o ti provoca su un autobus affollato, prendi una profonda inspirazione per calmarti prima di rispondere.

2. Utilizzare la Comunicazione Non Verbale:

- **Linguaggio del Corpo:** Mantieni una postura aperta e rilassata per trasmettere sicurezza e determinazione.

- **Contatto Visivo:** Mantieni il contatto visivo con chi ti sta parlando per mostrare interesse e assertività.

ESEMPIO PRATICO: Se qualcuno ti fa un commento sprezzante, rispondi con un sorriso sereno e un contatto visivo diretto per dimostrare sicurezza.

3. Rispondere con Assertività:

- **"Io" Statements:** Usa dichiarazioni che esprimono i tuoi sentimenti e pensieri senza accusare gli altri.

- **Fermarsi al Bisogno:** Se la situazione diventa troppo tesa, prendi in considerazione l'idea di spostarti o chiedere assistenza al conducente o al personale di sicurezza.

ESEMPIO PRATICO: Se sei oggetto di commenti offensivi su un treno, rispondi con un "Mi dispiace che tu pensi così, ma non sono d'accordo" per esprimere la tua opinione in modo assertivo ma rispettoso.

4. Raggiungere un Compromesso o una Soluzione:

- **Negoziazione:** Cerca di trovare un terreno comune per risolvere il conflitto in modo pacifico.

- **Concludere in Modo Positivo:** Termina la discussione con un gesto di conciliazione o ringraziamento per mantenere un tono positivo.

ESEMPIO PRATICO: Se sei coinvolto in una disputa su un tram riguardo allo spazio, propone una soluzione di compromesso come "Posso spostarmi un po' più in là se ti va?"

Conclusione

Essere preparati con queste tecniche può aiutarti a navigare con successo le interazioni potenzialmente conflittuali sui trasporti pubblici. La capacità di rispondere assertivamente e mantenere la calma non solo protegge il tuo benessere emotivo ma contribuisce anche a mantenere un ambiente più sicuro e rispettoso per tutti i passeggeri.

4. Rispondere a sconosciuti aggressivi

Nel contesto di rispondere a sconosciuti aggressivi, è essenziale adottare strategie che permettano di gestire la situazione in modo assertivo e sicuro. Gli incontri con sconosciuti aggressivi possono avvenire in vari contesti pubblici, come parchi, negozi, o anche per strada. Ecco alcune tecniche pratiche per affrontare la violenza verbale in queste situazioni:

1. Mantenere la Calma e la Sicurezza:

- **Controllo delle Emozioni:** Respira profondamente per mantenere la calma e ridurre lo stress emotivo.

- **Postura Sicura:** Mantieni una postura eretta e sicura per trasmettere fiducia e determinazione.

ESEMPIO PRATICO: Se un estraneo ti affronta con toni aggressivi per strada, rispondi con calma e fermezza, evitando di alzare la voce o di cedere alla provocazione.

2. Utilizzare la Comunicazione Assertiva:

- **Dichiarazioni "Io":** Esprimi i tuoi sentimenti e le tue opinioni utilizzando dichiarazioni che iniziano con "Io" per evitare di accusare direttamente l'altra persona.

- **Esprimere Limiti:** Chiaramente esprimi i tuoi limiti e la tua volontà di non essere trattato in modo aggressivo o irrispettoso.

ESEMPIO PRATICO: Se un estraneo ti fa commenti offensivi in un negozio, rispondi con un semplice "Mi dispiace, non accetto di essere trattato in questo modo".

3. Rispondere con Empatia e Rispetto:

- **Ascolto Attivo:** Ascolta attentamente le preoccupazioni dell'altra persona per dimostrare empatia.

- **Rispondere Rispettosamente:** Rispondi rispettosamente anche se non sei d'accordo con l'altra persona, evitando di scendere al suo livello di aggressività.

ESEMPIO PRATICO: Se sei coinvolto in una discussione con un sconosciuto su un autobus riguardo a un posto a sedere, ascolta la sua preoccupazione e rispondi con un "Capisco la tua frustrazione, ma sto usando questo posto".

4. Raggiungere una Soluzione o un Compromesso:

- **Negoziazione:** Cerca di trovare un terreno comune per risolvere la situazione in modo pacifico.

- **Concludere Positivamente:** Termina la conversazione o la disputa con un gesto di conciliazione o ringraziamento per mantenere un tono positivo.

ESEMPIO PRATICO: Se un estraneo è irato per una questione di traffico, prova a negoziare un'uscita pacifica come "Forse possiamo entrambi trovare una soluzione per superare questa situazione".

Conclusione

Essere preparati con queste tecniche può aiutarti a gestire con successo gli incontri con sconosciuti aggressivi, mantenendo un equilibrio tra assertività e rispetto reciproco. La capacità di rispondere in modo assertivo e calmo non solo protegge il tuo benessere emotivo, ma può anche prevenire l'escalation della situazione in qualcosa di più problematico. Queste competenze sono fondamentali per navigare con successo le interazioni sociali impreviste e potenzialmente conflittuali.

5. Mantenere la sicurezza personale

Nel contesto di mantenere la sicurezza personale, specialmente in situazioni di potenziale violenza verbale in luoghi pubblici, è cruciale adottare strategie pratiche che proteggano il proprio benessere e garantiscano una risposta efficace. Ecco alcune tecniche e pratiche utili:

1. Consapevolezza dell'Ambiente:

- **Osservazione Costante:** Mantieni sempre una buona consapevolezza di chi ti circonda e delle dinamiche dell'ambiente. Riconoscere potenziali situazioni di rischio può aiutarti a prepararti mentalmente a rispondere appropriatamente.

- **Punti di Uscita:** Quando sei in luoghi affollati o meno familiari, identifica sempre punti di uscita sicuri in caso di necessità.

ESEMPIO PRATICO: Durante un evento pubblico, prendi nota delle uscite di emergenza e della posizione dei soccorritori per poter agire rapidamente in situazioni critiche.

2. Comunicazione Preventiva:

- **Prevenire il Conflitto:** Se percepisci un'atmosfera tesa o una persona potenzialmente aggressiva, evita discussioni provocatorie e cerca di mantenere una comunicazione pacifica.

- **Segnalazione Preventiva:** Se noti comportamenti sospetti o minacciosi, segnalali alle autorità competenti o al personale di sicurezza per intervenire tempestivamente.

ESEMPIO PRATICO: Se qualcuno sta alzando la voce in modo minaccioso in un luogo pubblico, potresti avvicinarti discretamente a un membro del personale di sicurezza per chiedere assistenza.

3. Gestione della Distanza Personale:

- **Spazio Personale:** Mantieni una distanza di sicurezza fisica dalle persone sconosciute, specialmente se manifestano segni di ira o frustrazione.

- **Movimenti Calcolati:** Quando sei circondato da persone, muoviti in modo strategico per evitare di rimanere intrappolato in situazioni potenzialmente pericolose.

ESEMPIO PRATICO: In un mezzo di trasporto pubblico affollato, cerca di mantenere una distanza sicura dagli altri passeggeri e di posizionarti in modo da avere un facile accesso alle uscite.

4. Risposta a Potenziali Minacce:

- **Valutazione del Rischio:** Se ti trovi in una situazione in cui percepisci una minaccia diretta alla tua sicurezza, valuta rapidamente le opzioni disponibili per proteggerti.

- **Chiamata alle Autorità:** Se necessario, chiama immediatamente le forze dell'ordine per assistenza professionale e supporto in situazioni di emergenza.

ESEMPIO PRATICO: Se qualcuno ti sta seguendo in modo intimidatorio o sta mostrando comportamenti aggressivi, non esitare a chiamare il numero di emergenza locale per ricevere aiuto.

Conclusione

Mantenere la sicurezza personale in situazioni di potenziale violenza verbale richiede consapevolezza, preparazione e una risposta calibrata. Utilizzando le tecniche sopra descritte, puoi aumentare la tua capacità di gestire tali situazioni in modo efficace, proteggendo te stesso e promuovendo un ambiente di rispetto reciproco e sicurezza. Essere preparati e agire con prontezza possono fare la differenza nel mantenere la tranquillità e la sicurezza personale nelle interazioni pubbliche.

6. Gestire gli osservatori

Nelle interazioni pubbliche, la presenza di osservatori può influenzare significativamente la dinamica di una situazione di violenza verbale. Gli osservatori possono essere persone estranee o anche conoscenti che, pur non partecipando attivamente al conflitto, sono presenti e potrebbero influenzare l'esito della situazione.

Esempi pratici:

- **In un bar affollato:** Se durante una discussione animata con un amico o un estraneo gli altri clienti stanno osservando senza intervenire direttamente, questa dinamica può aggiungere pressione o spingere verso una risoluzione più pacifica.

- **In un contesto lavorativo:** Durante una riunione, se un collega alza la voce o adotta un tono accusatorio nei tuoi confronti e gli altri dipendenti presenti rimangono in silenzio, possono comunque influenzare il tuo approccio e la tua reazione.

Tecniche pratiche:

1. **Monitoraggio dell'ambiente:** Mantenere consapevolezza degli osservatori circostanti è fondamentale. Osserva il loro comportamento e cerca di percepire il loro livello di interesse o preoccupazione per la situazione.

2. **Comunicazione assertiva:** Utilizzare una comunicazione chiara, rispettosa e controllata può aiutare a influenzare positivamente gli osservatori. Evita di rispondere con aggressività o di essere eccessivamente emotivo, focalizzandoti invece su un tono calmo e su argomentazioni logicamente valide.

3. **Coinvolgimento educato:** Se ritieni opportuno e sicuro, puoi coinvolgere gli osservatori educatamente. Ad esempio, puoi rivolgerti a loro direttamente chiedendo un parere o sottolineando il comportamento inappropriato dell'altra parte, cercando supporto implicito nella gestione della situazione.

4. **Utilizzo di segnali non verbali:** Mantenere un linguaggio del corpo aperto e sicuro può trasmettere agli osservatori che sei tranquillo e in controllo della situazione. Evita di incrociare le braccia, mantieni il contatto visivo e mantieni un'espressione facciale neutra o rassicurante.

5. **Chiedere assistenza:** Se la situazione evolve in modo negativo nonostante gli sforzi per gestirla, considera di chiedere assistenza a un'autorità competente, come personale di sicurezza o forze dell'ordine, per intervenire in modo appropriato.

Gestire gli osservatori richiede sensibilità alla dinamica sociale e capacità di gestione del conflitto in contesti pubblici. L'obiettivo è mantenere un ambiente sicuro, rispettoso e non conflittuale, nonostante la presenza di spettatori potenzialmente influenti.

7. Fare squadra con altri

Per affrontare efficacemente la violenza verbale in situazioni di gruppo, è essenziale sviluppare capacità di collaborazione e di gestione delle dinamiche di gruppo. Ecco alcune tecniche pratiche per far fronte a queste situazioni:

1. *Comunicazione chiara e assertiva:* È fondamentale esprimere chiaramente le proprie opinioni e i propri sentimenti senza aggressività ma con fermezza. Ad esempio, se si è coinvolti in una conversazione di gruppo che prende una piega negativa, è possibile intervenire con frasi come: "Mi sento a disagio con questa direzione della conversazione. Possiamo tornare a discutere del tema principale?"

2. *Sostenere chi subisce violenza verbale:* Quando si assiste a un'aggressione verbale nei confronti di qualcun altro nel gruppo, è importante intervenire in difesa della persona offesa. Ciò può essere fatto supportando le loro opinioni o chiedendo al gruppo di tornare a un tono più rispettoso.

3. *Creare un ambiente inclusivo:* Promuovere un clima di rispetto reciproco all'interno del gruppo è cruciale. Questo può essere realizzato incoraggiando tutti a partecipare alla discussione senza timore di essere giudicati o interrotti.

4. **Gestire le differenze di opinione:** Nel contesto di un gruppo, le divergenze di opinione sono naturali ma devono essere gestite con rispetto. Un modo efficace per farlo è praticare l'ascolto attivo e cercare di capire il punto di vista degli altri senza necessariamente condividerlo.

Esempio pratico: Durante una riunione di lavoro, un collega inizia a criticare pubblicamente il lavoro di un altro membro del team. Per affrontare la situazione in modo assertivo e costruttivo, un altro collega potrebbe intervenire dicendo: "Capisco che abbiamo opinioni diverse, ma credo che la critica sia meglio affrontata in privato. Possiamo discutere di come migliorare la collaborazione tra di noi?"

Queste tecniche non solo aiutano a gestire la violenza verbale ma contribuiscono anche a creare un ambiente di lavoro o un contesto sociale più sano e rispettoso.

8. Tecniche di de-escalation

Quando ci si trova in situazioni di conflitto verbale in luoghi pubblici, è fondamentale avere a disposizione tecniche efficaci per calmare la situazione e prevenire l'escalation della violenza verbale. Ecco alcune strategie pratiche che possono essere utilizzate:

1. **Ascolto attivo:** Prima di rispondere, è essenziale ascoltare attentamente ciò che l'altra persona sta dicendo. Questo dimostra rispetto e può contribuire a ridurre la tensione emotiva. Ad esempio, se qualcuno si avvicina con tono aggressivo in un luogo pubblico, potresti rispondere dicendo: "Mi sembra che tu sia frustrato, vorresti parlare di cosa ti sta infastidendo?"

2. **Controllo delle emozioni:** Mantenere la calma è cruciale per gestire situazioni potenzialmente esplosive. Respirare profondamente e mantenere un tono di voce calmo può aiutare a trasmettere serenità. Un esempio pratico è quello di utilizzare l'autocontrollo in modo che la discussione non diventi fonte di stress.

3. **Empatia e comprensione:** Mostrare empatia può aiutare a creare un ponte tra te e l'altra persona. Ad esempio, potresti dire: "Capisco che questa situazione sia frustrante. Cerchiamo di trovare una soluzione insieme."

4. **Riposizionamento fisico:** Quando possibile, muoversi in un luogo meno affollato o più sicuro può contribuire a ridurre la tensione. Ad esempio, se la discussione sta avvenendo in un luogo affollato, potresti suggerire di spostarsi in un'area più tranquilla per continuare la conversazione in modo più pacifico.

5. **Utilizzo delle pause:** Prendersi del tempo prima di rispondere può aiutare a evitare risposte impulsive che potrebbero intensificare la situazione. Una pausa può anche dare tempo per riflettere su come rispondere in modo costruttivo.

6. **Ricerca di supporto:** In situazioni più gravi o persistenti, cercare il supporto di persone nelle vicinanze o delle autorità competenti può essere necessario per garantire la sicurezza di tutti i presenti.

Implementare queste tecniche richiede pratica e determinazione, ma può fare la differenza nella gestione efficace dei conflitti verbali in luoghi pubblici.

9. Comunicazione non verbale in pubblico

Nel contesto della violenza verbale in ambienti pubblici, la comunicazione non verbale gioca un ruolo fondamentale nel modo in cui percepiamo gli altri e veniamo percepiti. Spesso, gesti, espressioni facciali e posture possono trasmettere messaggi potenti che possono essere interpretati in vari modi. Ecco alcune tecniche pratiche per utilizzare la comunicazione non verbale in modo assertivo e difendersi dalla violenza verbale in pubblico:

1. **Postura e gesti:** Mantenere una postura eretta e aperta può trasmettere fiducia e sicurezza. Evitare gesti nervosi o chiusi come incrociare le braccia, che possono essere interpretati come difensivi o aggressivi.

2. **Contatto visivo:** Mantenere il contatto visivo con chi sta parlando può dimostrare interesse e assertività. Evitare lo sguardo fisso e mantenere un contatto visivo equilibrato può prevenire malintesi e conflitti.

3. **Espressioni facciali:** Le espressioni facciali possono influenzare notevolmente l'interpretazione delle nostre parole. Sorridere in modo genuino può attenuare la tensione e creare un ambiente più positivo.

4. **Distanza personale:** Rispettare lo spazio personale degli altri è essenziale per evitare conflitti. Mantenere una distanza appropriata può aiutare a prevenire situazioni di potenziale conflitto verbale.

5. **Gestione delle emozioni:** Imparare a gestire le proprie emozioni è cruciale in situazioni pubbliche. Respirare profondamente, contare fino a dieci mentalmente o prendersi un momento per riflettere prima di rispondere possono aiutare a mantenere la calma e a rispondere in modo appropriato.

Esempio pratico:

Immagina di essere in una riunione pubblica dove un partecipante inizia a sollevare la voce contro di te, accusandoti ingiustamente di qualcosa. In questo caso, potresti mantenere una postura eretta, mantenere il contatto visivo per mostrare che stai ascoltando attentamente e utilizzare espressioni facciali rassicuranti per calmare la situazione. Gestire le tue emozioni potrebbe significare prenderti un momento per pensare prima di rispondere, evitando di lasciarti coinvolgere emotivamente nel conflitto.

Queste tecniche possono aiutarti a navigare con successo attraverso situazioni potenzialmente difficili in contesti pubblici, mantenendo la tua integrità e rispondendo in modo assertivo ma rispettoso. Questo approccio non solo protegge la tua dignità, ma promuove anche relazioni più sane e costruttive.

10. Esercizi di preparazione

Prepararsi ad affrontare situazioni di violenza verbale in pubblico richiede non solo conoscenze teoriche ma anche pratica e consapevolezza delle proprie reazioni e risposte. Gli esercizi di preparazione possono aiutare a migliorare la capacità di gestire tali situazioni in modo assertivo e sicuro. Ecco alcune tecniche pratiche da considerare:

1. **Visualizzazione guidata:** Pratica la visualizzazione di scenari in cui potresti trovarti ad affrontare violenza verbale in pubblico. Immagina te stesso rimanere calmo, assertivo e rispondere in modo efficace. Visualizza anche il comportamento dell'altra persona e come potresti gestirlo senza perdere il controllo.

2. **Ruolo playing:** Coinvolgi un amico di fiducia o un partner in esercizi di gioco di ruolo. Fai pratica nel rispondere a commenti aggressivi o provocatori. Alterna i ruoli in modo da sperimentare sia il punto di vista dell'aggressore che della vittima e migliorare le tue capacità di risposta.

3. **Esercizi di respirazione e rilassamento:** Pratica tecniche di respirazione profonda e rilassamento muscolare per gestire lo stress e mantenere la calma in situazioni potenzialmente intense. La respirazione diaframmatica e le tecniche di rilassamento progressivo possono aiutarti a mantenere il controllo delle tue emozioni e a rispondere in modo assertivo anziché reattivo.

4. **Simulazioni realistiche:** Partecipa a simulazioni o workshop che simulano situazioni di conflitto verbale in pubblico. Queste esperienze pratiche ti permetteranno di mettere alla prova le tue capacità di comunicazione assertiva e di ricevere feedback diretto su come migliorare.

5. **Analisi post-esercizio:** Dopo ogni esercizio o simulazione, prenditi del tempo per riflettere sulle tue risposte e sulle tue emozioni. Identifica punti di forza e aree di miglioramento. Questa autocoscienza ti aiuterà a perfezionare le tue strategie di difesa e a essere più preparato per affrontare situazioni simili in futuro.

6. **Affinamento delle competenze di ascolto attivo:** Pratica attivamente l'ascolto delle persone durante le conversazioni quotidiane. L'ascolto attivo è essenziale per comprendere veramente il punto di vista degli altri e per rispondere in modo appropriato e rispettoso.

Prepararsi adeguatamente con esercizi pratici può fare la differenza nel gestire con successo situazioni di violenza verbale in pubblico. Mantenere la calma, rimanere assertivi e rispondere in modo strategico sono competenze che si possono sviluppare e rafforzare con la pratica e l'esperienza.

VIII. Rispondere alle Critiche Online

1. Riconoscere la violenza verbale online

Nell'era digitale, la violenza verbale si manifesta in forme insidiose anche nell'ambiente online, minacciando la salute emotiva e psicologica degli individui. Identificare e affrontare la violenza verbale online richiede consapevolezza e preparazione.

Esempi pratici di violenza verbale online:

- **Insulti diretti:** Commenti che attaccano personalmente l'individuo, il suo aspetto, le sue convinzioni o la sua identità. ESEMPIO: "Sei così stupido/a per non capire questo!"

- **Minacce:** Messaggi che intimidiscono o minacciano violenza fisica o psicologica. ESEMPIO: "Ti farò del male se continui a parlare così!"

- **Manipolazione emotiva:** Utilizzo di parole per controllare o manipolare le emozioni di qualcuno. ESEMPIO: "Se non fai quello che dico, non ti parlerò mai più."

- **Cyberbullismo:** Comportamenti ripetuti che danneggiano l'immagine o l'autostima di una persona online. ESEMPIO: Diffusione di false voci o foto imbarazzanti su una piattaforma di social media.

Tecniche pratiche per difendersi dalla violenza verbale online:

1. **Riconoscere i segnali:** Essere consapevoli dei comportamenti che costituiscono violenza verbale online, come insultare, minacciare o manipolare.

2. **Gestione delle emozioni:** Mantenere la calma e non rispondere impulsivamente a commenti negativi o offensivi.

3. **Blocco e segnalazione:** Utilizzare le funzioni di blocco e segnalazione disponibili sui social media per limitare l'interazione con gli aggressori e segnalare i comportamenti inappropriati alle piattaforme.

4. **Mantenere la privacy:** Limitare le informazioni personali condivise online per ridurre il rischio di essere bersaglio di violenza verbale.

5. **Educazione digitale:** Informarsi su come proteggere la propria sicurezza online e partecipare attivamente alla promozione di comportamenti rispettosi e civili sul web.

Riconoscere la violenza verbale online è essenziale per proteggere se stessi e gli altri, creando una comunità digitale più sicura e inclusiva.

2. Assertività sui social media

Navigare sui social media può essere un'esperienza che ci
espone a vari livelli di violenza verbale e comportamenti
aggressivi. Essere assertivi in questo contesto è essenziale per
mantenere il proprio benessere emotivo e sociale. Ecco alcune
strategie pratiche per affrontare situazioni di violenza verbale
sui social media:

1. **Riconoscere i Segnali:** Prima di reagire a commenti o
   messaggi offensivi, è importante riconoscere i segnali di
   violenza verbale. Questi possono includere insulti diretti,
   umiliazioni, o minacce velate mascherate da commenti
   apparentemente innocui.

2. **Mantenere la Calma:** Di fronte a un commento
   provocatorio o offensivo, è fondamentale mantenere la
   calma. Rispondere impulsivamente può esacerbare la
   situazione. Prenditi del tempo per respirare
   profondamente e valutare la risposta più appropriata.

3. **Non Prendere Personalmente:** Spesso i comportamenti
   aggressivi online non hanno a che fare con te
   personalmente, ma riflettono le frustrazioni o il punto di
   vista della persona che commenta. Mantenere questa
   consapevolezza può aiutarti a non farti influenzare
   emotivamente.

4. **Utilizzare il Blocco e l'Eliminazione:** Se un utente
   continua a essere aggressivo nonostante i tuoi tentativi di
   gestire la situazione, non esitare a bloccarlo o eliminare
   il commento. Questa è una misura preventiva per
   proteggere te stesso e il tuo spazio online.

5. **Rispondere in Modo Costruttivo:** Se decidi di rispondere, fallo in modo costruttivo. Usa argomentazioni basate sui fatti e sii chiaro nei tuoi messaggi. Evita di scendere al livello della persona aggressiva e mantieni sempre il rispetto reciproco.

6. **Segnalare Se Necessario:** Se un commento viola le norme della piattaforma, non esitare a segnalarlo. Le piattaforme social hanno politiche contro la violenza verbale e possono intervenire per risolvere la situazione.

7. **Cercare Supporto:** Se ti senti sopraffatto o emotivamente colpito da una situazione online, non esitare a cercare supporto da amici di fiducia o professionisti. Parlare con qualcuno può aiutarti a riacquistare prospettiva e sostegno emotivo.

Queste tecniche possono aiutarti a navigare in modo più sicuro e assertivo sui social media, mantenendo il controllo sulla tua esperienza online.

3. Gestire il cyberbullismo

Nell'era digitale, il cyberbullismo rappresenta una forma insidiosa di violenza verbale, manifestandosi attraverso messaggi minatori, insulti, diffamazioni o altre forme di molestie online. Affrontare il cyberbullismo richiede un approccio strategico e proattivo per proteggere la propria salute mentale e gestire efficacemente le situazioni di conflitto online. Ecco alcune tecniche pratiche per gestire il cyberbullismo:

1. **Monitoraggio attivo:** Mantenere una sorveglianza regolare delle proprie attività online può aiutare a individuare tempestivamente comportamenti intimidatori o minacce verbali. Utilizzare strumenti di controllo della privacy e impostazioni di sicurezza per limitare l'accesso a informazioni personali.

2. **Blocco e segnalazione:** È essenziale conoscere le funzioni di blocco e segnalazione disponibili sulle piattaforme social e sui servizi di messaggistica. Bloccare l'utente molestatore riduce la sua capacità di continuare l'abuso, mentre la segnalazione alle autorità competenti o alla piattaforma può portare alla rimozione del contenuto inappropriato.

3. **Rispondere con calma e assertività:** Quando si è vittime di cyberbullismo, rispondere emotivamente può alimentare ulteriori attacchi. È consigliabile mantenere la calma e rispondere in modo assertivo, evidenziando che il comportamento non è accettabile senza ricorrere a insulti o minacce.

4. **Mantenere prove:** Conservare tutte le prove del cyberbullismo, come screenshot di conversazioni offensive o post diffamatori, può essere cruciale per il supporto di un caso di abuso online. Queste prove possono essere utilizzate per affrontare la questione con la piattaforma o, se necessario, con le autorità legali.

5. **Cercare supporto:** Affrontare il cyberbullismo da soli
   può essere estenuante e emotivamente sfidante. Parlarne
   con amici fidati, familiari o professionisti del supporto
   psicologico può offrire un sostegno cruciale e strategie
   aggiuntive per gestire lo stress e mantenere la resilienza
   emotiva.

Gestire il cyberbullismo richiede consapevolezza, preparazione
e una risposta strategica per proteggere la propria salute
mentale e benessere emotivo nelle interazioni online.

4. Rispondere ai troll

La gestione dei troll sui social media richiede una strategia
mirata per mantenere un ambiente sano e costruttivo.
Affrontare le provocazioni con calma e assertività è
fondamentale per difendersi dalla violenza verbale online. Ecco
alcune tecniche pratiche e esempi per affrontare i troll:

- **Mantenere la Calma e la Composizione:** Spesso i troll
  cercano di provocare una reazione emotiva. Rispondere
  con calma e rimanere composto è fondamentale per non
  alimentare ulteriori conflitti. Ad esempio, se un troll
  commenta in modo provocatorio su un post politico, una
  risposta come "Capisco che potremmo avere opinioni
  diverse. Quali sono le tue argomentazioni?" può
  smorzare il tono provocatorio.

- **Utilizzare l'Umorismo o l'Ironia:** Talvolta, rispondere
  con un tocco di umorismo può ridurre la tensione. Ad
  esempio, di fronte a un commento sarcastico o
  offensivo, una risposta come "Grazie per il tuo
  contributo colorato" può trasformare l'interazione in
  qualcosa di meno ostile.

- **Fornire Fatti e Argomentazioni Costruttive:**
  Rispondere con informazioni accurate e argomentazioni
  basate sui fatti può contrastare il trollaggio. Ad esempio,
  se un troll diffonde disinformazione su un argomento
  scientifico, rispondere con link a fonti affidabili e studi
  scientifici può essere efficace nel correggere le false
  informazioni.

- **Non Alimentare il Trollaggio:** Evitare di entrare in un
  loop di risposte emotive o provocatorie. Se un troll
  continua a provocare, è meglio ignorare il commento e,
  se necessario, bloccare l'utente per prevenire ulteriori
  disturbi.

Esempio pratico: Immagina di essere coinvolto in una
discussione sui cambiamenti climatici e di ricevere un
commento che nega il riscaldamento globale con toni
aggressivi. Invece di rispondere con toni contrari o provocatori,
potresti rispondere con dati scientifici e chiedere ulteriori
chiarimenti senza cadere nella trappola della polemica.

Queste strategie aiutano a mantenere un ambiente online
costruttivo e a difendersi efficacemente dalla violenza verbale e
dal trollaggio senza compromettere la propria sicurezza
emotiva.

5. Proteggere la propria privacy

Proteggere la propria privacy online è essenziale per prevenire
situazioni di violenza verbale e cyberbullismo. Ecco alcune
tecniche pratiche per garantire la tua sicurezza e mantenere il
controllo della tua privacy sui social media e su altre
piattaforme online:

1. **Impostazioni di privacy personalizzate:** Utilizza le impostazioni di privacy avanzate offerte dalle piattaforme social per controllare chi può vedere le tue informazioni personali, i post e le foto che pubblichi. Ad esempio, su Facebook è possibile definire chi può vedere i tuoi post (pubblico, amici, solo io) e chi può cercarti tramite email o numero di telefono.

2. **Gestione degli amici e dei follower:** Sii selettivo nell'accettare richieste di amicizia o follower. Non aggiungere persone sconosciute o conosciute solo virtualmente senza un motivo valido. Se ricevi richieste da persone che non conosci personalmente, è meglio ignorarle o verificarne l'identità prima di accettare.

3. **Controllo delle informazioni personali:** Evita di condividere informazioni sensibili come indirizzi, numeri di telefono, dettagli finanziari o informazioni personali sui social media. Ricorda che una volta pubblicate, queste informazioni possono essere difficili da rimuovere completamente e possono essere utilizzate contro di te.

4. **Navigazione sicura:** Utilizza connessioni Internet sicure, preferibilmente reti Wi-Fi protette o connessioni VPN, per proteggere i tuoi dati mentre navighi online. Evita di accedere a account sensibili o di effettuare transazioni finanziarie su reti pubbliche non sicure.

5. **Monitoraggio dell'attività online:** Controlla regolarmente la tua attività online, inclusi i commenti e le menzioni sui social media. Segnala e blocca immediatamente comportamenti abusivi o minacciosi. Molte piattaforme offrono strumenti per segnalare e bloccare utenti molesti.

6. **Educazione digitale:** Informa te stesso e gli altri sulla sicurezza online e sull'importanza di proteggere la propria privacy. Condividi le tue conoscenze con amici e familiari per aiutarli a evitare situazioni di rischio online.

Ad esempio pratico, immagina di ricevere un messaggio privato da un utente sconosciuto che inizia a fare domande personali o a inviare commenti offensivi. In questo caso, la tecnica pratica consisterebbe nel bloccare immediatamente l'utente e nel segnalare il messaggio come inappropriato alle autorità competenti della piattaforma.

Queste strategie ti aiuteranno a proteggere la tua privacy online e a ridurre il rischio di essere vittima di violenza verbale o cyberbullismo.

6. Tecniche di moderazione dei commenti

Quando si affronta la gestione dei commenti sui social media e altri spazi online, è essenziale adottare una strategia equilibrata che permetta di mantenere un ambiente civile e rispettoso. Ecco alcune tecniche pratiche per moderare efficacemente i commenti:

- **Monitoraggio attivo:** Stabilisci un ritmo regolare di controllo dei commenti e delle interazioni. Rispondi prontamente a comportamenti inappropriati o a toni aggressivi per evitare che la situazione sfugga di mano.

- **Impostazione di regole chiare:** Definisci chiaramente le linee guida per il comportamento accettabile nei commenti. Questo può includere divieti contro linguaggio offensivo, discriminazione o minacce.

- **Moderazione pre-moderazione:** In alcune piattaforme, è possibile attivare la moderazione dei commenti in modo che debbano essere approvati prima di essere pubblicati. Questo approccio riduce la visibilità di contenuti inappropriati.

- **Risposta educata e assertiva:** Quando si affronta un commento problematico, rispondi con calma ma con fermezza. Usa il "modello dell'io" per esprimere come ti fanno sentire le parole dell'altra persona senza accusare direttamente ("Quando dici X, mi fa sentire Y").

- **Segnalazione e blocco:** Utilizza le funzioni di segnalazione e blocco fornite dalle piattaforme per gestire utenti che persistono in comportamenti inappropriati nonostante i richiami.

Esempio pratico:

Immagina di essere un moderatore di una pagina Facebook di un gruppo di appassionati di fotografia. Durante una discussione su una nuova tecnica di editing, un utente inizia a criticare in modo aggressivo le opere degli altri membri. In risposta, puoi pubblicare un messaggio pubblico che ribadisce le regole del gruppo e inviti a discutere in modo costruttivo. Se l'utente continua, puoi procedere a un avvertimento formale o al blocco temporaneo, se necessario.

Queste tecniche non solo aiutano a mantenere un ambiente positivo e costruttivo, ma anche a proteggere la tua reputazione online e a garantire che gli spazi di discussione siano sicuri per tutti i partecipanti.

7. Creare un ambiente online positivo

Creare un ambiente positivo sui social media e su altre piattaforme online è essenziale per mantenere interazioni costruttive e rispettose. Ecco alcune tecniche pratiche per promuovere un ambiente sano e positivo:

1. **Moderazione attiva dei contenuti:** Monitorare e moderare costantemente i commenti e i post per rimuovere contenuti offensivi, molestie o discorsi di odio. Utilizzare strumenti di moderazione automatica e stabilire linee guida chiare per i membri della comunità.

2. **Promuovere il rispetto reciproco:** Educare gli utenti sull'importanza del rispetto reciproco e della gentilezza online. Esempi pratici includono l'incentivazione di commenti costruttivi e l'ignoranza dei troll e dei comportamenti provocatori.

3. **Incentivare la partecipazione positiva:** Valorizzare e premiare i contributi positivi e costruttivi degli utenti. Questo può essere fatto attraverso riconoscimenti pubblici, badge di partecipazione o altre forme di riconoscimento virtuale.

4. **Creare spazi sicuri:** Fornire strumenti per segnalare contenuti inappropriati e risolvere controversie in modo rapido ed equo. Assicurarsi che gli utenti si sentano al sicuro nel partecipare e esprimere le proprie opinioni senza paura di reazioni negative.

5. **Educazione continua:** Organizzare sessioni informative o webinar per educare gli utenti su come utilizzare in modo sicuro e responsabile le piattaforme online. Discutere delle conseguenze del cyberbullismo e delle migliori pratiche per prevenirlo.

Promuovere un ambiente online positivo richiede impegno continuo da parte di tutti i partecipanti della comunità. Creare regole chiare, educare gli utenti e monitorare attivamente l'interazione possono contribuire significativamente a migliorare la qualità delle interazioni online.

8. Supporto e segnalazione di abusi

Nel contesto delle interazioni online, è cruciale avere consapevolezza e strumenti per gestire situazioni di abuso verbale. Il supporto e la segnalazione giocano un ruolo fondamentale nel contrastare comportamenti dannosi e proteggere la propria sicurezza emotiva. Ecco alcune tecniche pratiche per affrontare questa sfida:

- **Identifica le risorse di supporto:** Familiarizzati con le piattaforme di social media e le politiche contro il cyberbullismo. Molti siti offrono strumenti per segnalare contenuti inappropriati o abusivi. Ad esempio, su Facebook e Instagram è possibile segnalare post, commenti o messaggi direttamente agli amministratori delle piattaforme.

- **Blocca o limita l'accesso:** Se qualcuno continua a inviare messaggi offensivi o molesti, considera di bloccare o limitare l'accesso a quel contatto. Questo può aiutare a ridurre l'esposizione a contenuti dannosi e a proteggere la tua salute mentale.

- **Raggiungi le risorse locali:** Se l'abuso online si estende oltre le piattaforme di social media e influisce sulla tua vita quotidiana, considera di contattare risorse locali come le linee di supporto per la salute mentale o i centri anti-violenza.

Esempio pratico:

Immagina di ricevere commenti offensivi su un post su Instagram. Puoi rispondere in modo assertivo al commento, esprimendo chiaramente che il linguaggio usato non è appropriato e che non accetterai comportamenti simili in futuro. Successivamente, puoi scegliere di bloccare l'utente e segnalare il commento ai moderatori della piattaforma.

Queste strategie non solo ti aiuteranno a gestire l'abuso verbale online, ma anche a promuovere un ambiente di rispetto e sicurezza su internet.

9. Storie di resilienza digitale

Nel contesto sempre più interconnesso e digitale in cui viviamo, la resilienza digitale è diventata una competenza fondamentale per affrontare le sfide dell'ambiente online. Essa non riguarda solo la capacità di navigare tra le piattaforme social e gestire le interazioni virtuali, ma anche la capacità di preservare il benessere psicologico e proteggere la propria sicurezza online. Ecco alcuni esempi pratici e tecniche per migliorare la resilienza digitale:

- **Consapevolezza delle proprie emozioni online:** Spesso, le esperienze negative online possono scatenare reazioni emotive intense. Riconoscere e comprendere queste emozioni è il primo passo per gestirle in modo costruttivo. Ad esempio, se ci si sente arrabbiati o feriti a causa di un commento offensivo su un post sui social media, è utile fare una pausa prima di rispondere impulsivamente.

- **Tecniche di respirazione e rilassamento:** In situazioni di stress online, tecniche di respirazione profonda o di rilassamento muscolare possono aiutare a ridurre la tensione e a mantenere la calma. Questi metodi non solo contribuiscono a migliorare il benessere emotivo, ma permettono anche di prendere decisioni più razionali e meno reattive.

- **Gestione delle impostazioni di privacy e sicurezza:** Imparare a configurare e monitorare attentamente le impostazioni di privacy sui social media e altre piattaforme online è cruciale. Limitare chi può vedere le informazioni personali, quali foto e post, può ridurre il rischio di essere vittime di cyberbullismo o altre forme di abuso online.

- **Creazione di una rete di supporto online:** Avere una rete di amici e contatti online fidati può fornire un sostegno cruciale durante periodi di difficoltà. Condividere le proprie esperienze e ricevere feedback positivo può aiutare a rafforzare la propria resilienza e a mantenere una prospettiva equilibrata delle situazioni online.

- **Formazione e aggiornamento continuo:** Stare al passo con le nuove tendenze e le best practices per la sicurezza online è essenziale. Partecipare a webinar, corsi online o leggere articoli aggiornati può fornire informazioni preziose su come proteggere la propria identità digitale e rispondere efficacemente alle minacce online.

La resilienza digitale non è solo una questione di competenze tecniche, ma anche di consapevolezza emotiva e capacità di navigare nelle interazioni online in modo sano e sicuro.

10. Esercizi di comunicazione online

La comunicazione online è un campo complesso che richiede consapevolezza e competenze specifiche per navigare attraverso le sfide quotidiane. Gli esercizi di comunicazione online sono utili per migliorare la capacità di gestire situazioni difficili e prevenire la violenza verbale. Ecco alcuni esercizi pratici e tecniche che possono essere implementati:

1. *Pratica dell'empatia virtuale:* Prima di rispondere a un commento o a un messaggio, prova a metterti nei panni dell'altra persona. Immagina come potrebbe aver interpretato ciò che hai scritto. Rispondi considerando il punto di vista dell'altro per evitare fraintendimenti e conflitti.

2. **Respiro consapevole:** Quando ti trovi in situazioni di tensione online, prenditi un momento per fare alcune respirazioni profonde. Questo ti aiuterà a mantenere la calma e a evitare risposte impulsive che potrebbero peggiorare la situazione.

3. **Ripetizione e riformulazione:** Se ricevi un commento ambiguo o potenzialmente offensivo, prova a ripetere ciò che hai capito e chiedi chiarimenti. Ad esempio, "Se ho capito bene, stai dicendo che...". Questo non solo mostra che stai cercando di capire, ma può anche calmare la tensione emotiva.

4. **Gestione dei limiti personali:** È importante sapere quando interrompere una conversazione online che sta diventando dannosa. Impara a riconoscere i segnali di stress emotivo e prenditi del tempo per te stesso se necessario.

5. **Monitoraggio dell'uso dei social media:** Mantieni il controllo su quanto tempo trascorri sui social media e su come questo influisce sul tuo benessere emotivo. Imposta limiti di tempo e prenditi delle pause regolari per evitare l'affaticamento da social media.

Esempi pratici:

Anna ha recentemente avuto una discussione su un forum online riguardo alle opinioni politiche. Invece di rispondere impulsivamente ai commenti provocatori, ha deciso di ignorare i toni aggressivi e di concentrarsi su argomenti costruttivi e basati sui fatti.

Luca, invece, ha ricevuto un messaggio privato con contenuti offensivi. Ha utilizzato la tecnica della ripetizione e della riformulazione per chiedere spiegazioni senza aggiungere carburante al fuoco.

Questi esercizi e tecniche possono essere adattati alle situazioni specifiche che incontri online, aiutandoti a mantenere una comunicazione rispettosa e a difenderti efficacemente dalla violenza verbale.

IX. Supporto e Risorse

1. Cercare aiuto professionale

Cercare aiuto professionale è un passo fondamentale per chi è vittima di violenza verbale, poiché offre accesso a competenze specializzate e supporto emotivo strutturato per affrontare e superare questa forma di abuso. Esplorare le opzioni disponibili e trovare il professionista giusto può fare la differenza nel processo di guarigione e nel recupero della propria autostima.

Un punto di partenza cruciale è quello di rivolgersi a **psicologi clinici specializzati in trauma e abuso**. Questi professionisti hanno le competenze necessarie per aiutare le vittime a elaborare il trauma emotivo causato dalla violenza verbale, fornendo supporto emotivo e strategie terapeutiche mirate. Ad esempio, il centro **"PsicoSalute"** a Firenze è noto per il suo approccio compassionevole e basato sull'evidenza nella gestione del trauma psicologico.

La consulenza psicologica può includere tecniche come **l'EMDR (Eye Movement Desensitization and Reprocessing)**, che è efficace nel trattamento dei disturbi da stress post-traumatico legati all'abuso verbale. Questa tecnica aiuta le persone a elaborare e a ridurre l'impatto negativo delle esperienze traumatiche attraverso il ripristino di un equilibrio mentale ed emotivo.

Oltre alla consulenza individuale, i **gruppi di supporto psicologico** possono offrire un ambiente sicuro e solidale dove le vittime possono condividere le proprie esperienze, ricevere feedback costruttivo e imparare dalle esperienze degli altri. Questi gruppi, come quelli organizzati da **"Associazione Vivi Senza Paura"** a Bologna, promuovono la guarigione attraverso la connessione e l'empatia reciproca tra i partecipanti.

Per le vittime di violenza verbale che hanno bisogno anche di assistenza legale, è consigliabile consultare un **avvocato specializzato in diritto familiare e protezione delle vittime**. Questi professionisti possono fornire consulenza su questioni legali riguardanti la protezione personale, l'ordinanza di protezione e la procedura per ottenere un aiuto giuridico efficace.

Cercare aiuto professionale non è solo un atto di auto-cura, ma un passo significativo verso il recupero e la ricostruzione di una vita libera dalla violenza e dal timore. È il primo passo verso un futuro in cui la sicurezza e il benessere personale sono prioritari.

2. Gruppi di supporto

I gruppi di supporto rappresentano un'importante risorsa per chi è vittima di violenza verbale, offrendo un ambiente sicuro e empatico dove le persone possono condividere le proprie esperienze, ricevere sostegno emotivo e imparare strategie pratiche per affrontare l'abuso.

Un esempio significativo è il **Gruppo di Supporto "Parole di Forza"** organizzato dall'associazione **"Donne Libere"** a Torino. Questo gruppo si riunisce settimanalmente per discutere temi legati alla violenza verbale, fornendo un luogo di ascolto attivo e condivisione tra partecipanti che hanno esperienze simili. Oltre a offrire supporto emotivo reciproco, il gruppo promuove anche l'empowerment attraverso l'educazione sui diritti delle vittime e sulle risorse disponibili nella comunità.

Una tecnica efficace utilizzata nei gruppi di supporto è il **role-playing**, dove i partecipanti possono praticare situazioni di confronto e di gestione della comunicazione durante episodi di violenza verbale. Questo esercizio non solo aiuta a migliorare le abilità di assertività, ma offre anche l'opportunità di ricevere feedback costruttivo da parte degli altri membri del gruppo e del facilitatore.

Gruppi online come quelli ospitati su piattaforme dedicate come **"SupportNet"** forniscono un'alternativa per chi preferisce la connessione virtuale. Questi gruppi consentono alle vittime di violenza verbale di partecipare a discussioni e condividere esperienze in modo anonimo, mantenendo al contempo un senso di comunità e supporto reciproco attraverso internet.

Oltre al sostegno emotivo, i gruppi di supporto spesso includono sessioni educative su **tecniche di gestione dello stress, strategie di autodifesa emotiva e strategie di coping**. Ad esempio, il gruppo **"Insieme più Forti"** a Milano organizza workshop mensili su queste tematiche, fornendo agli utenti strumenti pratici per affrontare situazioni difficili e per migliorare il benessere emotivo.

Partecipare a un gruppo di supporto non solo aiuta a sentirsi
meno isolati nelle proprie esperienze di violenza verbale, ma
offre anche un ambiente sicuro dove è possibile imparare e
crescere attraverso la condivisione e il supporto reciproco.

3. Risorse online e offline

Le risorse disponibili sia online che offline sono essenziali per
le vittime di violenza verbale, offrendo una varietà di opzioni
per accedere a supporto emotivo, consulenza professionale e
risorse educative.

Tra le risorse online, le piattaforme come **"Psicologi Online"**
offrono accesso a consulenti psicologici specializzati nel
trattamento delle vittime di abuso verbale. Questi servizi
consentono di ricevere supporto da professionisti qualificati
comodamente da casa, attraverso chat o videochiamate,
rispettando la privacy e la confidenzialità.

Per chi preferisce un approccio più interattivo, ci sono **forum e
gruppi di discussione online** come quelli su **"MindTalk"**,
dove le vittime di violenza verbale possono condividere le
proprie esperienze in modo anonimo, ottenere consigli pratici e
sentirsi parte di una comunità di supporto. La moderazione
accurata di questi spazi è cruciale per garantire un ambiente
sicuro e rispettoso per tutti i partecipanti.

Anche i **siti web informativi** giocano un ruolo importante nel
fornire risorse educative e informative su come riconoscere,
affrontare e prevenire la violenza verbale. Ad esempio, **"Vivi
Libero"** offre guide dettagliate su quali sono i segni di
avvertimento della violenza verbale, come cercare aiuto e quali
sono i diritti legali delle vittime in Italia.

Passando alle risorse offline, i **centri di supporto locale** come **"La Casa delle Donne"** a Napoli sono punti di riferimento cruciali per le vittime di violenza verbale. Questi centri offrono non solo supporto emotivo e consulenza psicologica, ma anche servizi pratici come la consulenza legale e l'accesso a rifugi sicuri in caso di necessità di allontanamento immediato dalla situazione di pericolo.

Inoltre, le **linee telefoniche di emergenza** come **"Telefono Donna"** forniscono supporto immediato e anonimo alle vittime di violenza, mettendole in contatto con operatori esperti che possono fornire assistenza emotiva, consulenza e orientamento su come affrontare situazioni di crisi.

Sia online che offline, queste risorse giocano un ruolo fondamentale nel fornire alle vittime di violenza verbale le informazioni, il supporto e le competenze necessarie per recuperare e ricostruire una vita libera dalla paura e dall'abuso.

4. Libri e letture consigliate

La lettura può essere un potente strumento di conoscenza e di guarigione per chi è vittima di violenza verbale. Libri e risorse consigliate offrono non solo una comprensione più profonda delle dinamiche abusive, ma anche strategie pratiche per affrontare e superare questa esperienza traumatica.

Un libro consigliato è **"Il Coraggio di Parlare"** di Laura Conti, psicoterapeuta esperta nel trattamento delle vittime di violenza verbale. Questo testo offre una panoramica dettagliata sui diversi tipi di abuso verbale, descrive le conseguenze psicologiche sulle vittime e propone strategie pratiche per rafforzare l'autostima e migliorare le capacità di comunicazione assertiva.

Per coloro che cercano una guida pratica su come riconoscere e affrontare la manipolazione verbale, **"Manipolazione Emotiva"** di Susan Forward è un libro ampiamente consigliato. La Forward, psicologa clinica, offre casi clinici dettagliati e esercizi pratici che aiutano i lettori a identificare le tattiche manipolative e a sviluppare strategie per difendersi in modo efficace.

"Ferite Emotive" di Daria Bignardi è un'opera che esplora il tema della violenza verbale all'interno delle relazioni familiari e di coppia. Attraverso storie di vita reale e analisi psicologiche approfondite, il libro offre uno sguardo empatico sulla complessità delle dinamiche abusive e sulle possibilità di guarigione emotiva.

Un altro testo consigliato è **"Risveglio Emotivo"** di Alice Miller, psicoterapeuta e autrice che ha dedicato la sua carriera allo studio delle ferite emotive causate dall'abuso, inclusa la violenza verbale. Il libro esplora il processo di consapevolezza e di recupero personale attraverso l'auto-esplorazione e il rifiuto delle dinamiche abusive.

Per chi cerca una prospettiva più spirituale e empatica, **"Le Parole che Curano"** di Louise Hay offre affermazioni positive e esercizi di guarigione emotiva che possono aiutare le vittime di violenza verbale a rafforzare la propria autostima e a sviluppare una visione più amorevole di sé stesse.

Questi libri non solo offrono una conoscenza approfondita sulla violenza verbale, ma sono anche strumenti pratici che possono guidare le vittime nel loro percorso di guarigione e di autodifesa emotiva.

5. Programmi di formazione

I programmi di formazione dedicati alle vittime di violenza verbale rappresentano un'opportunità preziosa per acquisire competenze pratiche e psicologiche necessarie per affrontare e superare l'abuso. Questi programmi offrono un mix di educazione, supporto emotivo e tecniche di autodifesa che possono essere cruciali nel processo di guarigione e di rinforzo dell'autostima.

Un esempio di programma formativo è **"Parole di Rispetto"**, organizzato dall'associazione **"Donne Forti"** a Roma. Questo programma include workshop interattivi che insegnano agli partecipanti come riconoscere i segni della violenza verbale, come gestire situazioni di conflitto in modo assertivo e come costruire relazioni sane e rispettose.

I partecipanti ai programmi di formazione imparano anche tecniche di **comunicazione assertiva**. Questo include l'uso di linguaggio diretto ma rispettoso per esprimere i propri sentimenti e bisogni senza cadere nella trappola dell'aggressività o della passività. Gli esercizi pratici di role-playing durante i workshop aiutano a mettere in pratica queste tecniche in contesti simulati, preparando le persone ad affrontare situazioni reali con maggiore sicurezza e autostima.

Oltre alla comunicazione assertiva, i programmi spesso includono sessioni su **tecniche di gestione dello stress** e **auto-cura emotiva**. Questi sono essenziali per aiutare le vittime a gestire l'ansia, il trauma e altri effetti negativi dell'abuso verbale. Le pratiche di respirazione profonda, la meditazione guidata e l'esercizio fisico sono spesso parte integrante di questi programmi per promuovere il benessere generale e la resilienza emotiva.

Un altro aspetto importante dei programmi di formazione è l'educazione sulla **legge e i diritti delle vittime**. I partecipanti imparano quali sono le opzioni legali disponibili per proteggersi dalla violenza verbale, come ottenere un'ordinanza di protezione e come navigare il sistema giuridico per garantire la propria sicurezza e protezione.

Partecipare a programmi di formazione non è solo un modo per acquisire conoscenze pratiche e competenze di autodifesa, ma è anche un'opportunità per connettersi con altre persone che condividono esperienze simili. Questi programmi offrono un sostegno cruciale per le vittime di violenza verbale nel loro percorso verso il recupero e la ricostruzione di una vita libera dall'abuso.

6. Applicazioni utili

Nel panorama italiano, affrontare la violenza verbale richiede non solo resilienza, ma anche l'accesso a strumenti pratici e risorse efficaci. Le applicazioni tecnologiche possono svolgere un ruolo fondamentale nel fornire supporto immediato e strategie concrete per affrontare questo tipo di abuso.

Una delle risorse innovative è **"DiamoVoce"**, un'applicazione italiana progettata per aiutare le vittime di violenza verbale. Consente agli utenti di registrare e documentare episodi di abuso, fornendo così prove concrete che possono essere utilizzate per proteggere i propri diritti e per intraprendere azioni legali.

"Benevolent" è un'altra app italiana che offre supporto emotivo e pratico alle vittime di violenza verbale. Attraverso la sua piattaforma, collega le persone a counselor e a supporti legali specializzati che possono fornire consulenza e assistenza legale in modo confidenziale e sicuro.

Un approccio pratico alla difesa contro la violenza verbale è offerto da **"Take Back the Tech"**, un'iniziativa italiana che utilizza la tecnologia per educare sulle questioni di sicurezza digitale e per fornire risorse su come riconoscere e affrontare l'abuso online, incluso il cyberbullismo e l'hate speech.

"Io Parlo" è un'altra piattaforma italiana che permette alle vittime di violenza verbale di trovare supporto e condivisione all'interno di una comunità online sicura. Offre anche risorse educative su come gestire situazioni di conflitto e come rafforzare la propria autostima.

Infine, è cruciale sviluppare una rete di supporto personale e professionale. App come **"LiberaMente"**, che collega le persone a psicologi e counselor specializzati nel trattamento delle vittime di abuso verbale, sono essenziali per il recupero emotivo e per riacquistare un senso di controllo sulla propria vita.

In conclusione, le risorse e le applicazioni disponibili nel contesto italiano offrono un supporto significativo per affrontare e superare la violenza verbale. L'uso di tecnologie moderne insieme a una rete di supporto empatica e competente può giocare un ruolo fondamentale nel promuovere la resilienza emotiva e nel garantire il benessere delle vittime.

7. Centri di consulenza

Nei centri di consulenza dedicati alla violenza verbale, le vittime trovano un rifugio sicuro per esplorare le proprie esperienze, ricevere supporto e acquisire strumenti pratici per affrontare questa forma di abuso.

Un esempio emblematico è il **Centro di Ascolto e Supporto "Parole Libere"** a Milano, che offre consulenze gratuite e confidenziali a chiunque sia stato vittima di violenza verbale. Qui, psicologi specializzati guidano le persone attraverso percorsi di recupero personalizzati, incoraggiando l'espressione emotiva e fornendo strategie per migliorare l'autostima e gestire lo stress emotivo.

Un'altra risorsa preziosa è il **Centro Anti Violenza "Donne Insieme"** a Roma, che non solo fornisce supporto psicologico e legale, ma anche corsi di formazione su come riconoscere e affrontare la violenza verbale nelle relazioni interpersonali. Questi corsi non solo educano sulle dinamiche abusive, ma insegnano anche tecniche di comunicazione assertiva e di autodifesa emotiva.

Per chi cerca una rete di supporto online, **"Parole per Te"** è un esempio virtuale di un centro di consulenza che offre chat anonime con counselor qualificati. Questo servizio permette alle vittime di accedere a supporto immediato e discreto, senza la necessità di recarsi fisicamente in un centro.

Un approccio innovativo è quello del **Centro di Aiuto Psicologico e Legale "Rinascere"** a Napoli, che combina la consulenza tradizionale con workshop pratici su come sviluppare strategie di resilienza contro l'abuso verbale. Questi workshop includono esercizi di role-playing e tecniche di gestione dello stress per aiutare le persone a riacquistare fiducia nelle proprie capacità di comunicazione e di difesa personale.

In conclusione, i centri di consulenza dedicati alla violenza verbale offrono un ambiente sicuro e riservato dove le vittime possono trovare sostegno emotivo, consulenza professionale e risorse pratiche per affrontare e superare questa esperienza traumatica.

8. Associazioni e ONG

Le associazioni e le organizzazioni non governative (ONG) giocano un ruolo cruciale nel fornire supporto continuo e risorse pratiche per le vittime di violenza verbale in Italia. Queste entità non solo sensibilizzano l'opinione pubblica sull'argomento, ma offrono anche programmi mirati per aiutare le persone a difendersi e a guarire.

Un esempio rilevante è **Telefono Rosa**, un'ONG italiana che opera da decenni per supportare le vittime di violenza domestica e verbale. Offrono un servizio di hotline 24 ore su 24, dove le persone possono ricevere supporto emotivo immediato e informazioni su come accedere a rifugi sicuri o consulenza legale.

D.i.Re. Donne in Rete contro la violenza è un'altra associazione significativa che fornisce sostegno alle donne vittime di violenza, compresa quella verbale. Oltre a offrire assistenza legale e psicologica, organizzano gruppi di auto-aiuto e workshop educativi su come riconoscere segni di abuso e come sviluppare strategie di autodifesa.

Per chi cerca una comunità di sostegno online, **"DonneSicure"** è un esempio di una piattaforma virtuale gestita da un'associazione che supporta le vittime di violenza verbale. Offrono forum di discussione moderati da professionisti, dove le persone possono condividere le proprie esperienze in modo anonimo e ricevere consigli pratici su come affrontare situazioni difficili.

Un altro approccio innovativo è quello dell'associazione **"Non una di meno"**, che non solo lotta contro la violenza di genere in tutte le sue forme, ma promuove anche l'educazione e la formazione su come costruire relazioni rispettose e non violente. Organizzano eventi pubblici, manifestazioni e campagne di sensibilizzazione per diffondere consapevolezza e per sostenere le vittime.

In conclusione, le associazioni e le ONG in Italia svolgono un ruolo essenziale nel fornire risorse pratiche e supporto emotivo alle vittime di violenza verbale. Grazie alla loro presenza e ai loro sforzi, le persone possono trovare il sostegno necessario per affrontare e superare questa forma di abuso.

9. Costruire una rete di supporto

La costruzione di una rete di supporto solida è fondamentale per chi è vittima di violenza verbale, poiché offre sostegno emotivo, consigli pratici e un senso di appartenenza che può essere fondamentale nel percorso di recupero.

Un primo passo cruciale è quello di identificare persone di fiducia tra amici, familiari o colleghi con cui condividere le proprie esperienze. Questi individui possono offrire un orecchio empatico, consigli pratici e, se necessario, assistenza nel trovare risorse professionali come consulenti o avvocati specializzati.

Partecipare a gruppi di supporto locali è un altro modo efficace per costruire una rete di supporto. Ad esempio, **"Voci Libere"** è un gruppo di auto-aiuto attivo in diverse città italiane, dove le vittime di violenza verbale si incontrano regolarmente per condividere le loro esperienze, ricevere sostegno reciproco e imparare tecniche di autodifesa emotiva.

La partecipazione a workshop e corsi di formazione può anche aiutare a sviluppare competenze pratiche per affrontare la violenza verbale. Organizzazioni come **"Associazione Crescere Liberi"** offrono programmi che insegnano abilità di comunicazione assertiva, tecniche di gestione dello stress e strategie per affrontare situazioni di conflitto in modo costruttivo.

Un altro modo per costruire una rete di supporto è attraverso l'uso delle piattaforme online. Gruppi su social media come **"Resilienza Online"** consentono alle vittime di violenza verbale di connettersi virtualmente, condividere risorse utili e ricevere supporto emotivo da persone che comprendono le loro esperienze.

Infine, considerare il coinvolgimento in attività di volontariato può fornire un senso di scopo e di comunità, oltre a connettersi con altre persone che condividono valori simili di empatia e sostegno reciproco.

Costruire una rete di supporto non è solo una risorsa preziosa
per affrontare la violenza verbale, ma è anche un passo
significativo verso il recupero emotivo e la ricostruzione di una
vita basata sul rispetto e sulla dignità personale.

10. Pianificare la propria autodifesa

Pianificare la propria autodifesa è essenziale per chi è vittima
di violenza verbale, poiché permette di reagire in modo sicuro
ed efficace di fronte a situazioni di conflitto o di abuso verbale.
Ecco alcune tecniche pratiche e risorse utili per prepararsi
adeguatamente.

Innanzitutto, è importante **conoscere i propri diritti**.
Informarsi sulle leggi che proteggono dalle forme di abuso
verbale e sulle risorse legali disponibili è fondamentale.
Organizzazioni come **"Avvocato di Strada"** offrono
consulenza legale gratuita e possono aiutare a comprendere
quali sono i diritti legali e come farli valere in caso di necessità.

Un altro aspetto cruciale è quello di **sviluppare strategie di
comunicazione assertiva**. Questo significa imparare a
esprimere i propri pensieri e sentimenti in modo chiaro, diretto
e rispettoso, senza però permettere agli altri di sfruttare la
propria vulnerabilità. Corsi di comunicazione assertiva, come
quelli offerti da **"Crescere nel Rispetto"**, insegnano tecniche
per difendersi senza agire in modo aggressivo o passivo.

Preparare un piano di sicurezza personale è un passo
pratico. Questo include identificare luoghi sicuri in caso di
emergenza, informare amici fidati sui propri movimenti e avere
sempre a portata di mano numeri di emergenza utili come
quelli delle forze dell'ordine o dei centri di supporto.

L'autocontrollo emotivo è fondamentale durante un conflitto verbale. Imparare a riconoscere e a gestire le proprie emozioni può aiutare a mantenere la calma e a rispondere in modo razionale anziché reagire impulsivamente. Tecniche come la respirazione profonda, la visualizzazione positiva e il contare fino a dieci possono essere utili per mantenere la compostezza in situazioni stressanti.

Infine, è consigliabile avere a disposizione **strumenti tecnologici per la registrazione delle prove**. Applicazioni come "SafeGuard", che permettono di registrare audio o video in modo discreto, possono fornire prove concrete in caso di necessità di difesa legale.

Pianificare la propria autodifesa non significa solo essere preparati a reagire, ma anche sviluppare una consapevolezza personale e una fiducia nel proprio potere di protezione. È un passo verso il ripristino del proprio senso di sicurezza e dignità.

X. Mantenere la Propria Autostima

1. Importanza dell'autostima

Mantenere e rafforzare l'autostima è cruciale per chi è vittima di violenza verbale, poiché l'abuso può minare profondamente la fiducia in sé stessi e nella propria capacità di affrontare le sfide quotidiane. L'autostima sana non è solo un fattore chiave per il benessere psicologico, ma è anche fondamentale per resistere agli attacchi verbali e per costruire relazioni sane e rispettose.

Una strategia efficace per mantenere l'autostima è **riconoscere e celebrare i propri successi e le proprie qualità**. Spesso le vittime di violenza verbale sono portate a dubitare delle proprie capacità e del proprio valore. Tenere un diario dei successi personali, anche quelli più piccoli, può aiutare a riaffermare le proprie competenze e a sviluppare una visione più positiva di sé stessi.

Inoltre, è importante **imparare a riconoscere e a sostituire i pensieri negativi con quelli positivi**. Questo processo, noto come ristrutturazione cognitiva, implica identificare i pensieri autodistruttivi e sostituirli con affermazioni più realistiche e amorevoli. Ad esempio, invece di pensare "Non sono abbastanza bravo/a", si può sostituire con "Sto facendo del mio meglio e sono orgoglioso/a del mio impegno".

Un altro aspetto cruciale è **prendersi cura di sé stessi fisicamente e mentalmente**. Mantenere una dieta equilibrata, fare esercizio regolare e dormire a sufficienza sono fondamentali per il benessere generale. Inoltre, dedicare del tempo per pratiche di rilassamento come la meditazione, lo yoga o semplicemente una passeggiata nella natura può ridurre lo stress e migliorare l'umore complessivo.

L'autostima è anche alimentata dalle **relazioni positive**. Coltivare legami con persone che sostengono e incoraggiano può essere un rifugio cruciale contro l'abuso verbale. Queste relazioni offrono un supporto emotivo essenziale e aiutano a riaffermare il proprio valore personale.

Infine, l'**educazione continua e la crescita personale** giocano un ruolo chiave nel mantenere l'autostima. Imparare nuove abilità, perseguire interessi personali e affrontare sfide in modo proattivo possono aumentare la fiducia in sé stessi e fornire una base solida per affrontare le difficoltà della vita.

Mantenere un'autostima sana è un processo continuo che richiede impegno e consapevolezza, ma è fondamentale per superare l'abuso verbale e vivere una vita piena di fiducia e autenticità.

2. Tecniche di rafforzamento dell'autostima

Le tecniche di rafforzamento dell'autostima sono strumenti potenti per chi è vittima di violenza verbale, aiutando a ricostruire la fiducia in sé stessi e a proteggere il benessere psicologico. Queste strategie pratiche non solo promuovono una visione positiva di sé stessi, ma sono anche essenziali nel processo di guarigione emotiva.

Una tecnica efficace è **l'esercizio dei complimenti giornalieri**. Ogni giorno, prenditi del tempo per riflettere su almeno una qualità positiva su di te e fai un complimento sincero a te stesso. Questo può essere fatto davanti allo specchio, enfatizzando l'importanza di riconoscere le tue qualità e i tuoi successi. Ad esempio, puoi dire: "Sono una persona compassionevole e gentile. Oggi ho aiutato un amico in difficoltà e sono orgoglioso/a di me".

Un'altra tecnica potente è **la pratica del self-care**. Dedica del tempo ogni settimana per coccolarti e prenderti cura di te stesso. Questo può includere una serata rilassante con una lettura piacevole, un bagno caldo, o una camminata rigenerante nella natura. Prendersi cura di sé stessi non è solo un atto di gentilezza verso il proprio corpo e mente, ma è anche un modo per rafforzare la propria autostima.

La **creazione di un elenco di successi e realizzazioni** è un altro modo efficace per riaffermare il proprio valore. Prendi carta e penna e annota tutte le volte in cui hai superato una sfida, raggiunto un obiettivo o fatto qualcosa di cui sei orgoglioso/a. Questo elenco può essere un promemoria tangibile delle tue capacità e della tua resilienza, utile nei momenti di auto-dubbio o di criticità.

Inoltre, è importante **imparare a stabilire e difendere i propri confini**. Le vittime di violenza verbale spesso subiscono l'intrusione nei propri spazi personali e nelle proprie emozioni. Imparare a dire "no" in modo assertivo e a identificare quando le richieste degli altri superano i propri limiti può proteggere l'autostima e promuovere il rispetto personale.

Infine, la **pratica della gratitudine** può essere una potente
tecnica di rafforzamento dell'autostima. Ogni giorno, prendi un
momento per riflettere su tre cose per cui sei grato/a nella tua
vita. Questo esercizio non solo aumenta la positività emotiva,
ma aiuta anche a mantenere la prospettiva e a riconoscere il
valore delle piccole gioie quotidiane.

Utilizzare queste tecniche regolarmente può aiutare le vittime
di violenza verbale a ricostruire l'autostima e a sviluppare una
visione più amorevole e compassionevole di sé stessi,
essenziale per affrontare e superare le difficoltà della vita.

3. Pratiche di auto-cura

Le pratiche di auto-cura sono fondamentali per chi è vittima di
violenza verbale, poiché aiutano a ripristinare il benessere
emotivo e a rafforzare l'autostima compromessa dall'abuso.
Queste pratiche non sono solo atti di gentilezza verso se stessi,
ma sono essenziali per promuovere la guarigione e la crescita
personale.

Una pratica di auto-cura efficace è **la meditazione quotidiana**.
Dedica almeno dieci minuti al giorno a sederti in silenzio,
concentrando l'attenzione sul respiro e lasciando andare i
pensieri negativi. La meditazione non solo riduce lo stress e
l'ansia, ma aiuta anche a ristabilire un senso di calma interiore e
di connessione con se stessi.

Il **movimento fisico regolare** è un altro aspetto cruciale
dell'auto-cura. L'esercizio fisico non solo migliora la salute
fisica, ma stimola anche la produzione di endorfine, i
neurotransmettitori che favoriscono il buon umore e il
benessere generale. Trova un'attività che ti piace, che sia una
passeggiata in natura, una sessione di yoga o una corsa leggera,
e impegnati a praticarla regolarmente.

La **gestione dello stress attraverso la respirazione profonda e la consapevolezza** è una tecnica semplice ma potente. Durante momenti di tensione o di ansia, prenditi un momento per respirare profondamente dal diaframma, concentrandoti sul ritmo del respiro. Questo aiuta a calmare il sistema nervoso e a ridurre la reattività emotiva, promuovendo un maggiore equilibrio interiore.

Inoltre, è importante **creare una routine quotidiana che supporti il benessere generale**. Questo può includere la pianificazione di pasti sani e nutrienti, il mantenimento di un sonno regolare e il bilanciamento delle attività lavorative con momenti di svago e riposo. Una routine strutturata fornisce un senso di sicurezza e controllo, elementi cruciali per ristabilire l'equilibrio dopo l'abuso verbale.

Non dimenticare l'importanza di **coltivare relazioni positive**. Cerca il sostegno di amici fidati e familiari che ti incoraggiano e ti sostengono nel tuo percorso di guarigione. Le relazioni autentiche e amorevoli sono un fondamentale supporto emotivo che può rafforzare l'autostima e promuovere un senso di appartenenza e sicurezza.

Infine, la **pratica della gratitudine quotidiana** può essere un modo potente per migliorare il benessere emotivo e rafforzare l'autostima. Ogni giorno, prenditi il tempo per riflettere su ciò per cui sei grato/a nella tua vita. Questo esercizio promuove una prospettiva positiva e aiuta a focalizzarsi sui momenti di gioia e di gratificazione, nonostante le sfide affrontate.

Integrare queste pratiche di auto-cura nella tua routine quotidiana può sostenere il tuo percorso di guarigione dall'abuso verbale, promuovendo una maggiore autostima e un benessere emotivo duraturo.

4. Gestire il dialogo interiore

Il dialogo interiore ha un impatto profondo sull'autostima di chi
è vittima di violenza verbale. Spesso, le parole e le critiche
negative interiori possono riflettere e amplificare gli abusi
subiti. Gestire il dialogo interiore in modo consapevole e
positivo è essenziale per ripristinare la fiducia in sé stessi e per
promuovere un'autostima sana.

Una tecnica efficace è **l'auto-monitoraggio dei pensieri**.
Prendi consapevolezza dei pensieri che attraversano la tua
mente e identifica quelli negativi o autocritici. Ad esempio, se
pensi "Non sono abbastanza intelligente per questo lavoro",
sostituisci quel pensiero con uno più equilibrato e realistico
come "Ho competenze e esperienza che mi rendono qualificato
per affrontare questa sfida".

La **riformulazione dei pensieri negativi** è un passo successivo
importante. Quando identifichi un pensiero critico, prova a
trasformarlo in una dichiarazione positiva e costruttiva. Ad
esempio, invece di dire "Sono un fallimento", puoi dire "Sto
imparando dagli errori e cresco ogni giorno".

Praticare la **compassione verso se stessi** è fondamentale. Tratta
te stesso con la stessa gentilezza e comprensione che
riserveresti a un amico in difficoltà. Accettare i momenti di
debolezza o di errore come parte del percorso di crescita
personale può aiutare a ridurre l'autocritica e a promuovere un
atteggiamento più amorevole verso se stessi.

Un'altra tecnica utile è **creare affermazioni positive**. Scrivi
delle dichiarazioni brevi e potenti che riflettano le tue qualità e
i tuoi obiettivi positivi. Ripetile a voce alta ogni giorno, magari
davanti allo specchio, per rafforzare la tua autostima e per
programmare positivamente il tuo dialogo interiore.

La **pratica della mindfulness** è cruciale per gestire il dialogo interiore. Essere consapevoli del momento presente senza giudizio aiuta a ridurre il flusso incessante di pensieri negativi e a creare spazio per pensieri più equilibrati e empatici verso se stessi.

Infine, è utile **cercare il supporto di uno psicologo o di un consulente**. Un professionista può fornire strumenti e tecniche specifiche per affrontare e trasformare il dialogo interiore nocivo, supportando così il processo di guarigione e di rafforzamento dell'autostima.

Gestire il dialogo interiore richiede pratica e perseveranza, ma è un investimento prezioso nel proprio benessere emotivo e nella ripresa dal trauma dell'abuso verbale.

5. Esercizi di autovalutazione positiva

Gli esercizi di autovalutazione positiva sono strumenti efficaci per rafforzare l'autostima delle persone che hanno subito violenza verbale. Questi esercizi aiutano a cambiare il modo in cui ci si percepisce, incoraggiando pensieri positivi e autocompassione. Ecco alcune tecniche pratiche che possono essere implementate nel quotidiano per promuovere un dialogo interiore più amorevole e costruttivo.

1. **Lista delle qualità personali:** Prendi carta e penna e scrivi una lista dettagliata delle tue qualità, capacità e talenti. Focalizzati su aspetti che vanno al di là delle critiche ricevute. Ad esempio, potresti includere la tua gentilezza, la tua determinazione nel raggiungere gli obiettivi, la tua capacità di ascoltare gli altri, ecc. Rileggere questa lista regolarmente ti aiuterà a ricordare le tue forze e a valorizzare le tue qualità positive.

2. **Esercizio delle tre buone azioni:** Ogni sera, rifletti su tre azioni positive che hai compiuto durante il giorno. Queste azioni possono essere grandi o piccole, come aiutare un collega con un compito difficile, preparare una cena nutritiva per te stesso/a, o semplicemente sorridere a qualcuno che sembrava averne bisogno. Questo esercizio ti aiuta a sviluppare un senso di realizzazione e di auto-apprezzamento.

3. **Esplorazione dei successi passati:** Prenditi del tempo per riflettere sui successi che hai ottenuto nel passato, anche quelli apparentemente insignificanti. Questi possono includere la conclusione di un progetto, il superamento di una difficoltà personale, o il miglioramento in una determinata abilità. Riconsiderare questi successi ti aiuterà a rafforzare la tua fiducia nelle tue capacità e a riaffermare il tuo valore personale.

4. **Lettera di auto-apprezzamento:** Scrivi una lettera a te stesso/a, enfatizzando le tue qualità, la tua forza interiore e il tuo valore. Sii sincero/a e amorevole nel tuo scritto, come se stessi scrivendo a un amico che ha bisogno di sostegno. Leggere questa lettera nei momenti di auto-dubbio può essere un potente promemoria del tuo valore intrinseco.

5. **Affrontare i pensieri distorti:** Pratica l'identificazione e la correzione dei pensieri distorti che possono derivare dall'abuso verbale. Quando ti rendi conto di avere pensieri negativi su te stesso/a (come "Non sono abbastanza buono/a"), sostituiscili con affermazioni più realistiche e bilanciate (come "Sono in continua crescita e ho molte qualità positive").

Implementando regolarmente questi esercizi di autovalutazione
positiva, puoi gradualmente rafforzare l'autostima e migliorare
la tua percezione, promuovendo un senso di fiducia in sé stessi
e di auto-compassione.

6. Circondarsi di persone positive

Circondarsi di persone positive è fondamentale per mantenere e
rafforzare l'autostima, soprattutto per chi ha subito violenza
verbale. Le relazioni positive possono fungere da baluardo
contro le critiche dannose e possono contribuire
significativamente al benessere emotivo e psicologico. Ecco
alcune strategie pratiche per coltivare relazioni che sostengano
e promuovano un'autostima sana:

1. **Identificare e coltivare amicizie sincere:** Prenditi il
   tempo di valutare le relazioni esistenti nella tua vita.
   Cerca persone che ti sostengano in modo genuino e che
   ti incoraggino a essere la migliore versione di te stesso/a.
   Queste persone sono quelle che ti fanno sentire a tuo
   agio, che ti ascoltano senza giudizio e che ti
   incoraggiano nei momenti difficili.

2. **Frequentare gruppi di supporto o comunità positivi:**
   Unirsi a gruppi di supporto o a comunità online che
   condividono i tuoi interessi e valori può essere
   estremamente gratificante. Questi spazi offrono un
   ambiente sicuro dove puoi esprimere le tue esperienze,
   ricevere supporto reciproco e costruire legami
   significativi con persone che comprendono la tua
   situazione.

3. **Limitare l'esposizione a persone tossiche:** Riconosci e evita le relazioni che sono tossiche o dannose per il tuo benessere emotivo. Ciò include persone che criticano costantemente, che sono competitive in modo non sano o che non rispettano i tuoi confini personali. Proteggere la tua energia emotiva è essenziale per mantenere un'autostima positiva.

4. **Praticare la reciprocità nelle relazioni:** Offri sostegno e incoraggiamento alle persone a cui tieni. Essere una fonte di positività per gli altri può rafforzare anche la tua autostima, poiché ti sentirai apprezzato/a e valorizzato/a nel contribuire al benessere degli altri.

5. **Cercare modelli positivi e mentori:** Trova persone che ammiri per le loro qualità positive e che possano fungere da modelli o mentori nella tua vita. Questi possono essere colleghi di lavoro, insegnanti, leader comunitari o semplicemente amici che incarnano valori che rispetti e desideri sviluppare in te stesso/a.

6. **Promuovere relazioni basate sul rispetto reciproco:** Coltiva relazioni dove il rispetto reciproco è al centro. Questo include rispettare le opinioni e i punti di vista degli altri, comunicare in modo aperto e onesto, e trattare gli altri con gentilezza e empatia.

Circondarsi di persone positive non solo crea un ambiente di supporto emotivo, ma può anche influenzare positivamente la tua percezione di te stesso/a e il tuo livello di autostima. Investire in relazioni che ti nutrano e ti sostengano è un passo significativo verso la guarigione e il benessere dopo l'esperienza di violenza verbale.

7. Evitare i confronti negativi

Evitare i confronti negativi è cruciale per preservare e migliorare l'autostima, specialmente per coloro che hanno subito violenza verbale. I confronti negativi possono minare la fiducia in sé stessi e alimentare sentimenti di inadeguatezza. Qui di seguito sono presentate alcune strategie pratiche per evitare i confronti dannosi e promuovere un dialogo interiore positivo:

1. **Focalizzarsi sui progressi personali:** Piuttosto che confrontarsi con gli altri, concentrati sui tuoi progressi personali e sulle tue realizzazioni. Ogni persona ha un percorso unico e confrontarsi con gli altri può portare a una percezione distorta della propria autostima. Mantieni un diario dei tuoi successi e dei tuoi traguardi personali per mantenere viva la consapevolezza dei tuoi progressi.

2. **Sviluppare un mindset di crescita:** Adotta un mindset di crescita che enfatizzi il miglioramento continuo e il processo di apprendimento. Vedi gli errori come opportunità di crescita e non come indicazioni di fallimento personale. Questo approccio favorisce un'autostima resiliente basata sullo sviluppo personale piuttosto che sul confronto competitivo con gli altri.

3. **Limitare l'esposizione ai social media:** I social media possono amplificare i confronti negativi e alimentare sentimenti di inadeguatezza. Limita il tempo trascorso sui social media e scegli con attenzione quali contenuti seguire. Cerca piuttosto di utilizzare le piattaforme per connetterti con persone e contenuti che promuovono ispirazione e positività.

4. **Praticare la gratitudine:** La pratica della gratitudine
   può aiutare a spostare il focus dall'insoddisfazione verso
   ciò che è positivo e significativo nella tua vita. Ogni
   giorno, prenditi il tempo per riflettere su ciò per cui sei
   grato/a, anche per le piccole cose. Questo esercizio può
   migliorare il tuo umore e rafforzare la tua autostima.

5. **Costruire una rete di supporto positiva:** Cerca
   relazioni che ti supportino e ti incoraggino senza
   giudizio. Le persone che ti accettano per chi sei e che ti
   sostengono nei momenti di difficoltà sono fondamentali
   per mantenere un'autostima sana e resiliente. Coltiva
   relazioni basate sulla reciproca fiducia e rispetto.

6. **Sperimentare la mindfulness e la consapevolezza:**
   Pratica la mindfulness per diventare consapevole dei
   pensieri di confronto che emergono nella tua mente.
   Osserva questi pensieri senza giudizio e lasciali andare,
   ritornando al momento presente. La consapevolezza
   aiuta a interrompere il ciclo dei confronti negativi e a
   promuovere un'autostima basata sull'accettazione di sé.

Evitare i confronti negativi richiede consapevolezza e impegno
continuo per proteggere la propria autostima e promuovere un
senso di benessere interiore. Adottando queste strategie, puoi
costruire una visione più amorevole e positiva di te stesso/a,
indipendentemente dalle influenze esterne.

8. Celebrare i propri successi

Celebrare i propri successi è un passo essenziale per rafforzare l'autostima e per recuperare dopo aver subito violenza verbale. Troppo spesso, le persone tendono a minimizzare i loro successi o a concentrarsi esclusivamente sugli errori. Imparare a riconoscere e a celebrare i successi, grandi e piccoli, è fondamentale per nutrire una visione positiva di sé stessi e per promuovere un benessere emotivo duraturo.

1. **Identificazione dei successi:** Inizia con l'identificare i tuoi successi, anche quelli che potrebbero sembrare insignificanti. Questi possono includere completare un compito difficile, raggiungere un obiettivo personale, ricevere un feedback positivo da parte di un collega o semplicemente superare una giornata difficile con resilienza. Fai un elenco di questi successi per tenere traccia dei tuoi progressi.

2. **Celebrazione in modo significativo:** Trova modi significativi per celebrare i tuoi successi. Questo può variare da una piccola celebrazione personale, come concederti del tempo per fare qualcosa che ami, a una celebrazione più formale, come organizzare una cena con amici o familiari per condividere la gioia del tuo successo. L'importante è riconoscere e festeggiare il tuo impegno e la tua determinazione nel raggiungere l'obiettivo.

3. **Riflessione sui punti di forza:** Ogni volta che celebrare un successo, rifletti anche sui punti di forza che hai mostrato nel raggiungerlo. Questi possono includere la perseveranza, la creatività nel trovare soluzioni, la capacità di adattamento o la capacità di gestire lo stress. Riconoscere i tuoi punti di forza ti aiuta a rafforzare la tua autostima e a percepire te stesso come una persona capace e competente.

4. **Creazione di rituali di celebrazione:** Crea rituali personali per celebrare i tuoi successi in modo consistente. Ad esempio, potresti scrivere su un diario i tuoi successi settimanali e dedicare un momento ogni fine settimana per rileggere e riflettere su di essi. Questo ti aiuta a mantenere viva la gratitudine e la consapevolezza dei tuoi successi nel lungo periodo.

5. **Coinvolgimento della rete di supporto:** Condividi i tuoi successi con le persone che ti sostengono. Questo non solo ti permette di ricevere congratulazioni sincere, ma rafforza anche il legame con la tua rete di supporto. Le loro reazioni positive e incoraggianti possono aumentare ulteriormente la tua autostima e il senso di realizzazione personale.

6. **Auto-compassione durante i momenti di difficoltà:** Durante i periodi in cui incontri sfide o difficoltà, ricorda i successi passati e come li hai superati. L'auto-compassione ti aiuta a mantenere una prospettiva equilibrata e a non lasciare che le difficoltà attuali minino la tua autostima.

Celebrare i propri successi non è solo un atto di gratitudine verso se stessi, ma è anche un passo fondamentale nel processo di guarigione e di costruzione di una autostima resiliente. Riconoscere i tuoi successi e prenderti cura del tuo benessere emotivo sono investimenti preziosi nella tua salute mentale e nel tuo benessere complessivo.

9. Imparare dagli insuccessi

Imparare dagli insuccessi è una componente cruciale nel mantenere e migliorare l'autostima, specialmente per chi ha subito violenza verbale. Gli insuccessi possono facilmente minare la fiducia in sé stessi e alimentare sentimenti di auto-critica. Tuttavia, è possibile trasformare gli insuccessi in opportunità di crescita personale e di rafforzamento dell'autostima. Ecco alcune strategie pratiche per imparare dagli insuccessi in modo costruttivo:

1. **Analisi obiettiva delle cause:** Dopo un insuccesso, prenditi del tempo per analizzare obiettivamente le cause che hanno portato al risultato non desiderato. Chiediti quali fattori hanno contribuito all'insuccesso, sia interni che esterni. Evita di colpevolizzare te stesso/a in modo eccessivo e concentrati invece su come puoi migliorare nel futuro.

2. **Identificazione delle lezioni apprese:** Ogni insuccesso porta con sé delle lezioni preziose. Rifletti su ciò che hai imparato dall'esperienza. Potresti scoprire nuove strategie da adottare, abilità da sviluppare o aspetti della situazione che potresti gestire diversamente la prossima volta. Scrivere queste lezioni in un diario può aiutarti a consolidarle e a rafforzare il tuo impegno nel crescere dalle difficoltà.

3. **Mantenimento di una prospettiva equilibrata:** Evita di generalizzare un insuccesso singolo come un indicatore permanente della tua capacità. Ricorda che tutti sperimentano insuccessi e che questi fanno parte del percorso verso il successo e il miglioramento personale. Mantieni una prospettiva equilibrata e realistica, riconoscendo che gli insuccessi sono opportunità di apprendimento e crescita.

4. **Sviluppo della resilienza emotiva:** Coltiva la resilienza emotiva per affrontare gli insuccessi con forza e determinazione. Pratica tecniche di gestione dello stress, come la respirazione profonda o la meditazione, per mantenere la calma durante i momenti difficili. La resilienza ti aiuta a superare gli ostacoli senza compromettere il tuo senso di auto-valore e autostima.

5. **Ricostruzione della fiducia in sé stessi:** Dopo un insuccesso, concentrati sul ricostruire la tua fiducia in sé stessi. Elenca le tue qualità e punti di forza per riaffermare il tuo valore personale. Cerca opportunità per metterti alla prova in contesti in cui puoi avere successo, rafforzando così la tua autostima e la tua fiducia nelle tue capacità.

6. **Accettazione dell'imperfezione:** Accetta che nessuno è perfetto e che gli insuccessi fanno parte della vita. Coltiva l'auto-compassione nel trattare con te stesso/a durante i momenti di difficoltà. Sii gentile e comprensivo/a con te stesso/a, proprio come lo saresti con un amico che attraversa una situazione simile.

Imparare dagli insuccessi richiede una combinazione di auto-riflessione, resilienza emotiva e auto-compassione. Questi sono strumenti potenti per trasformare gli ostacoli in opportunità di crescita personale e per costruire una autostima forte e resiliente nel lungo termine.

10. Creare un piano di crescita personale

Creare un piano di crescita personale è un passo fondamentale per mantenere e migliorare l'autostima, specialmente per coloro che hanno affrontato violenza verbale. Un piano di crescita personale aiuta a stabilire obiettivi chiari e misurabili, non solo per il miglioramento delle competenze e delle conoscenze, ma anche per il benessere emotivo e psicologico. Ecco come puoi creare un piano di crescita personale efficace:

1. **Valutazione delle aree di miglioramento:** Inizia con un'onestà dura e valuta le aree della tua vita che desideri migliorare. Queste potrebbero includere sviluppo personale, carriera, relazioni interpersonali, salute fisica e benessere mentale. Identifica le aree che senti di voler affrontare per promuovere un senso di realizzazione personale e migliorare la tua autostima.

2. **Definizione di obiettivi SMART:** Stabilisci obiettivi specifici, misurabili, raggiungibili, rilevanti e limitati nel tempo (SMART) per ciascuna area di miglioramento identificata. Ad esempio, anziché stabilire un obiettivo vago come "migliorare la mia autostima", potresti fissare un obiettivo specifico come "praticare l'affermazione di sé ogni giorno per un mese per migliorare la mia fiducia in situazioni sociali".

3. **Pianificazione delle azioni concrete:** Una volta stabiliti gli obiettivi, pianifica le azioni specifiche che ti porteranno verso il loro raggiungimento. Ad esempio, se il tuo obiettivo è migliorare le tue competenze comunicative, potresti pianificare di frequentare un corso di comunicazione efficace o di praticare la comunicazione assertiva con un amico di fiducia.

4. **Monitoraggio e valutazione dei progressi:** Tieni traccia dei tuoi progressi regolarmente. Questo ti aiuta a mantenere la motivazione e a fare eventuali aggiustamenti al piano di crescita personale se necessario. Tenere un diario dei progressi può essere utile per registrare le tue esperienze, i successi raggiunti e le sfide affrontate lungo il percorso.

5. **Riflessione e adattamento:** Rifletti periodicamente sui tuoi obiettivi e sui progressi fatti. Valuta se gli obiettivi stabiliti sono ancora rilevanti e significativi per te. Se necessario, adatta il tuo piano di crescita personale per rispecchiare le tue nuove scoperte e aspirazioni.

6. **Coinvolgimento della rete di supporto:** Condividi il tuo piano di crescita personale con le persone di fiducia nella tua vita. Questo non solo ti offre un supporto emotivo durante il processo, ma può anche incoraggiarti a responsabilizzarti nei confronti dei tuoi obiettivi. Chiedi feedback e consigli da parte della tua rete di supporto per migliorare ulteriormente il tuo piano.

Creare un piano di crescita personale ti permette di assumere il controllo attivo del tuo sviluppo personale e di lavorare verso una versione più forte e più autentica di te stesso/a. Investire tempo e sforzi nel tuo benessere e nel miglioramento personale è un investimento che paga dividendi duraturi per la tua autostima e il tuo benessere generale.

Vuoi un nostro libro a soli 0,99€? Ecco come fare!

Ciao!
Se ti è piaciuto questo libro, puoi ricevere il prossimo titolo **a soli 0,99€**, scegliendo tra:

eBook
PDF di un libro cartaceo

Segui questi semplici passaggi:

1. Condividi la tua esperienza sul sito dove hai effettuato l'acquisto.

2. Invia uno screenshot **del tuo feedback** dove si legge anche la dicitura "Acquisto verificato" a:
info.testicreativi@gmail.com

3. Riceverai un codice sconto personale da utilizzare sul nostro store online, valido per ottenere il prossimo libro **a soli 0,99€**.

La tua opinione conta davvero: ogni recensione ci aiuta a crescere e permette a nuovi lettori di scoprire i nostri libri.

Grazie di cuore per il tuo tempo e buona lettura!